# Windows 10

SÉRIE INFORMÁTICA

**Dados Internacionais de Catalogação na Publicação (CIP)**
**(Jeane Passos de Souza – CRB 8ª/6189)**

Sabino, Roberto
    Windows 10 / Roberto Sabino. – São Paulo: Editora Senac São Paulo, 2020. (Série informática)

    ISBN 978-65-5536-059-2 (impresso/2020)
    e-ISBN 978-65-5536-060-8 (ePub/2020)
    e-ISBN 978-65-5536-061-5 (PDF/2020)

    1. Microsoft Windows (Programa de computador) 2. Microsoft Windows 10 (Sistema operacional) I. Título. II. Série

20-1104t                            CDD – 005.4376
                                    BISAC COM046040

**Índice para catálogo sistemático:**

1. Microsoft Windows 10 : Sistemas operacionais :
    Processamento de dados        005.4376

# Windows 10

Roberto Sabino

Editora Senac São Paulo – São Paulo – 2020

ADMINISTRAÇÃO REGIONAL DO SENAC NO ESTADO DE SÃO PAULO

Presidente do Conselho Regional: Abram Szajman
Diretor do Departamento Regional: Luiz Francisco de A. Salgado
Superintendente Universitário e de Desenvolvimento: Luiz Carlos Dourado

EDITORA SENAC SÃO PAULO

Conselho Editorial: Luiz Francisco de A. Salgado
 Luiz Carlos Dourado
 Darcio Sayad Maia
 Lucila Mara Sbrana Sciotti
 Luís Américo Tousi Botelho

Gerente/Publisher: Luís Américo Tousi Botelho
Coordenação Editorial: Ricardo Diana
Prospecção: Dolores Crisci Manzano
Administrativo: Verônica Pirani de Oliveira
Comercial: Aldair Novais Pereira

Edição e Preparação de Texto: Rafael Barcellos Machado
Coordenação de Revisão de Texto: Luiza Elena Luchini
Revisão de Texto: Lucimara Carvalho
Projeto Gráfico e Capa: Antonio Carlos De Angelis
Editoração Eletrônica: Sandra Regina Santana
Coordenação de E-books: Rodolfo Santana
Impressão e Acabamento: BMF Gráfica

Nenhuma parte desta publicação poderá ser reproduzida, guardada pelo sistema "retrieval" ou transmitida de qualquer modo ou por qualquer outro meio, seja este eletrônico, mecânico, fotocópia, gravação, ou outros, sem prévia autorização, por escrito, da Editora Senac São Paulo.

Todos os direitos desta edição reservados à
EDITORA SENAC SÃO PAULO
Av. Engenheiro Eusébio Stevaux, 823 – Prédio Editora
Jurubatuba – CEP 04696-000 – São Paulo – SP
Tel. (11) 2187-4450
editora@sp.senac.br
https://www.editorasenacsp.com.br

© Editora Senac São Paulo, 2020

# Sumário

| | |
|---|---|
| Apresentação | 7 |
|     O que é a Série Informática | 9 |
| Para que serve um sistema operacional | 11 |
|     O que é um sistema operacional | 13 |
|     Configurando o Windows 10 | 15 |
|     Ligando e desligando corretamente o Windows | 19 |
| Funcionamento e recursos básicos | 23 |
|     Funcionamento básico do Windows 10 | 25 |
|     Encontrando aplicativos no seu computador | 27 |
|     Exercícios resolvidos passo a passo | 31 |
|     Exercícios de reforço | 35 |
| Principais aplicativos | 39 |
|     Programas, aplicativos e ferramentas | 41 |
|     Calendário, Email e Contatos | 42 |
|     Imagens e vídeo | 44 |
|     Texto e internet | 54 |
|     Outros aplicativos | 56 |
| Trabalhando com arquivos e pastas | 59 |
|     Gerenciar arquivos e pastas | 61 |
|     Visualizando arquivos | 65 |
|     Copiar, mover e excluir arquivos | 68 |
| Ferramentas e configurações | 73 |
|     Configurações | 75 |
| Recursos avançados | 87 |
|     O que são recursos avançados? | 89 |
|     Principais atalhos do Windows 10 | 89 |
|     Usar a impressora *Microsoft Print to PDF* | 90 |
|     Sincronizar com o OneDrive | 90 |
|     Configurar uma conta de usuário | 92 |
|     Criar múltiplas *Áreas de Trabalho* | 95 |
|     *Ferramenta de Captura de Imagem* | 97 |
|     Atualizando o driver de um dispositivo | 97 |

Exercícios propostos 101
    Praticando no Windows 10 103

Sobre o autor 109

Índice geral 111

# Apresentação

# O que é a Série Informática

A Série Informática foi criada para que você aprenda informática sozinho, sem professor! Com ela, é possível estudar os softwares mais utilizados pelo mercado, sem dificuldade. Para utilizar o material da Série Informática, é necessário ter em mãos o livro, um equipamento que atenda às configurações necessárias e o software a ser estudado.

Neste volume, estruturado com base em atividades que permitem estudar o software passo a passo, são apresentadas informações essenciais para a operação do Microsoft Windows 10. Você deverá ler com atenção e seguir corretamente todas as instruções. Se encontrar algum problema durante uma atividade, volte ao início e recomece; isso vai ajudá-lo a esclarecer dúvidas e resolver dificuldades.

## ESTRUTURA DO LIVRO

Este livro está dividido em capítulos que contêm uma série de atividades práticas e informações teóricas sobre o Microsoft Windows 10. Para obter o melhor rendimento possível em seu estudo, evitando dúvidas ou erros, é importante que você:

- leia com atenção todos os itens do livro, pois sempre encontrará informações úteis para a execução das atividades;
- faça apenas o que estiver indicado no passo a passo e só execute uma sequência após ter lido a instrução do respectivo item.

É muito simples utilizar o material da Série Informática. Inicie sempre pelo Capítulo 1, leia atentamente as instruções e execute passo a passo os procedimentos solicitados.

Bom estudo!

# Anotações

# 1

# Para que serve um sistema operacional

## OBJETIVOS

» Entender o que é um sistema operacional
» Configurar o Windows 10
» Ligar e desligar corretamente o Windows

# O que é um sistema operacional

O sistema operacional, de forma bem simples, é um conjunto de programas que faz um dispositivo tecnológico funcionar. Sem um sistema operacional, não é possível fazer nada em um dispositivo, seja ele um PC (de Personal Computer, ou computador pessoal), um notebook, um tablet ou mesmo um smartphone. As operações mais básicas de um dispositivo são feitas pelo sistema operacional, tais como:

- ligar e desligar o aparelho;
- gerenciar o funcionamento básico do computador;
- apresentar imagens no monitor ou na tela;
- acessar arquivos ou pastas (como fotos ou vídeos, por exemplo);
- conectar à internet;
- mostrar o nível de carga da bateria, entre outras.

## FUNCIONAMENTO BÁSICO DO COMPUTADOR

Dificilmente percebemos que existem partes relacionadas ao funcionamento básico do computador, mas elas são de extrema importância para o desempenho da máquina. Por exemplo, quando dizemos que um computador está lento, provavelmente alguma das partes gerenciadas pelo sistema operacional está enfrentando problemas de performance. Dentre essas partes, destacam-se:

- **CPU (processador)**: CPU vem de Central Processing Unit, ou Unidade Central de Processamento. É responsável por quase todos os processamentos feitos pelo PC, sendo fundamental para a performance da máquina. Caso o sistema operacional identifique que o processador está enfrentando problemas, ele irá redirecionar recursos, fechar programas ou, em último caso, travar ou até desligar o computador.

- **Memória**: todo PC precisa de uma área para guardar as informações nas quais o usuário está trabalhando no momento, como, por exemplo, um texto que você esteja digitando. Todas essas informações são colocadas na memória, que também é gerenciada pelo sistema operacional. Quando há muitas informações simultaneamente na memória, o PC também pode apresentar lentidão.

- **Discos**: o sistema operacional também deve gerenciar o acesso aos discos, por exemplo, quando se usa um programa como o Excel para gravar uma planilha para uso posterior. Figurativamente, o Excel chama o sistema operacional e pede que ele salve a planilha.

- **Conexão com a internet**: hoje em dia é até difícil usar um computador que não esteja conectado à internet. O sistema operacional também deve gerenciar o acesso à rede e a utilização da conexão pelos programas que estão sendo executados.

- **Gerenciamento do vídeo**: apresentar os dados na tela parece muito simples, mas pode ser uma das tarefas mais difíceis para um PC, dependendo do tipo de programa que você esteja executando. O sistema operacional também tem a responsabilidade de gerenciar o uso do monitor ou das telas, se houver mais de uma. Um notebook ligado a um monitor terá duas telas disponíveis, o que aumentará o uso de recursos da máquina.

## Sistemas operacionais mais usados

Para entender este item, precisamos dividir os computadores em dois grandes grupos:

- **Computadores pessoais (PCs)**: que podem ser desktops, notebooks e os menos conhecidos All-In-One.
- **Dispositivos móveis**: que podem ser smartphones, tablets e outros.

O Windows é o sistema operacional mais usado em computadores pessoais, com ampla vantagem. Porém, outros sistemas bastante utilizados são o Mac OS da Apple e as diversas distribuições de Linux, um sistema de código aberto.

Se falarmos em dispositivos móveis, o sistema operacional mais usado (também com ampla vantagem sobre o segundo colocado) é o Android, enquanto o Windows tem participação irrelevante nesse segmento.

# Configurando o Windows 10

A forma mais comum de configurar o Windows 10 é comprar um PC com esse sistema operacional pré-instalado. Ao ligar o computador pela primeira vez, uma sequência de telas é apresentada, permitindo configurar informações básicas, tais como:

- idioma;
- fuso horário;
- tipo de teclado usado (no Brasil, em geral, ABNT ou ABNT2);
- rede Wi-Fi (para acessar a internet);
- conta Microsoft (para configurar atalhos e aplicativos);
- aprovações de termos de responsabilidade.

Basta seguir o passo a passo, conforme for guiado a cada tela, e depois esperar a atualização (se estiver conectado à internet) e a configuração do computador. Isso não requer nenhum conhecimento especializado, apenas um pouco de familiaridade com PCs.

## Muito prazer, sou o Windows 10!

O Windows 10 foi desenvolvido pela empresa Microsoft (a mesma que desenvolveu o Excel, o Word, o PowerPoint, entre outros tantos aplicativos e programas). A figura a seguir mostra como deve se apresentar o Windows logo após a configuração inicial. Lembrando que, dependendo da empresa que fabricou o computador que você estiver usando, podem aparecer algumas alterações (chamadas de customizações). Essas customizações não costumam gerar grandes alterações no aspecto inicial, mas podem incluir algumas funcionalidades novas ou aplicativos específicos.

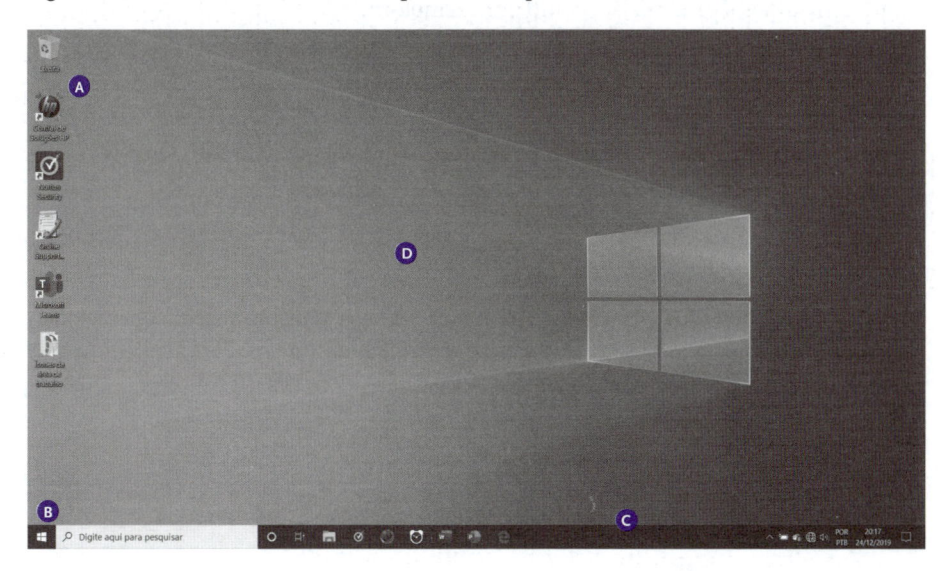

A. **Ícones da *Área de Trabalho***: Aqui serão mostradas as pastas e os atalhos para os principais programas e aplicativos do Windows. Ao instalar novos programas, algumas vezes eles adicionarão ícones na *Área de Trabalho* automaticamente.

B. **Botão *Windows*/*Menu Iniciar*:** Esse botão abre o *Menu Iniciar* do Windows, que dá acesso aos programas e principais recursos do sistema operacional. Hoje em dia, muitos teclados já têm uma tecla *Windows*, que permite abrir rapidamente o *Menu Iniciar* e também acionar alguns recursos automaticamente por meio de atalhos.

C. **Barra de Tarefas**: A *Barra de Tarefas* é uma das principais facilidades do Windows. Ela mostra programas básicos, programas que estão em uso e as principais mensagens do sistema operacional.

D. **Área de Trabalho:** A *Área de Trabalho* é o espaço onde são exibidas as janelas do sistema operacional e dos programas em uso. Ela pode ser configurada para aumentar nossa produtividade, sendo possível escolher a *Tela de Fundo* (a imagem que aparece na tela) e a forma como os programas vão aparecer quando executados. A maior parte da aparência do Windows é configurável, mas temos que tomar cuidado para não incluir muitos detalhes e ocasionar o aumento do uso da CPU (processamento do computador) e da memória, o que resultaria na lentidão do PC.

## Por que usar um sistema operacional

Depois de tudo o que vimos neste primeiro capítulo, fica mais fácil entender por que usamos um sistema operacional. Mesmo que não percebêssemos, o sistema operacional estaria ali para fazer o computador funcionar.

Porém, no caso do Windows, há uma série de outros recursos que não são responsabilidades tradicionais de um sistema operacional, mas que foram adicionados ao longo do tempo e mantidos a cada versão, como por exemplo:

- **Paint 3D**: aplicativo de desenho;
- **Bloco de Notas**: aplicativo para escrever textos sem formatação;
- **Calculadora**: aplicativo que permite realizar cálculos-padrão, científicos, etc.;
- **Calendário**: permite ver datas, incluir compromissos, etc.; entre outros.

## Gerenciador de Tarefas

Para visualizar o funcionamento geral das atividades básicas de um sistema operacional, temos uma ferramenta interessante que é o *Gerenciador de Tarefas*. Para acessá-lo, pressione simultaneamente as teclas *Ctrl + Shift + Esc*.

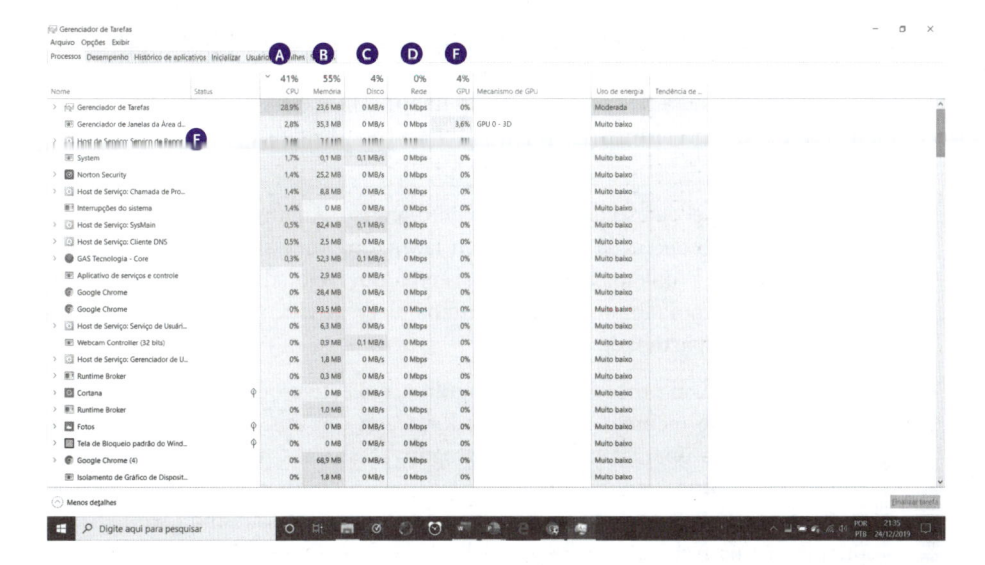

A. **CPU**: Apresenta a porcentagem do nível de acesso à CPU. Ao observar o quanto do processamento do PC está sendo usado, é possível perceber se os programas em execução estão pesados para o processador do PC. No exemplo, temos 41% de uso de CPU, o que significa que o computador está rodando os programas com muita facilidade. É comum, quando abrimos algum programa ou iniciamos uma tarefa, que o uso de CPU chegue próximo de 100%, mas em seguida volta ao normal. Se o uso de CPU estiver constantemente perto de 100%, isso significa que o computador pode estar com dificuldades para rodar todos os programas abertos.

B. **Memória**: Informa o nível de uso da memória. Cada programa ou aplicativo que é aberto coloca informações na memória. Se estivermos com muitos programas abertos ao mesmo tempo, é possível que o uso da memória aumente. Quando isso acontece, o Windows tentará alocar algumas das informações que estão na memória para o disco rígido, que tem acesso mais lento. O consumo de memória pode abaixar, mas o computador pode apresentar lentidão mesmo assim, se o acesso ao disco estiver em níveis muito altos.

C. **Disco**: Apresenta o nível de acesso aos discos rígidos. Os sistemas operacionais de arquitetura aberta, como o Windows 10, são responsáveis por fazer um bom balanceamento entre o uso da memória e do disco, para que a performance do computador não seja afetada. Contudo, alguns programas e algumas formas de uso dos computadores podem fazer com que o sistema operacional tenha dificuldade para realizar esse balanceamento, causando um problema conhecido como acesso contínuo de 100% do disco. Isso ocasiona lentidão e precisa ser verificado. Ter um nível de acesso ao disco de 100% de forma intermitente ou durante um processamento mais pesado é normal. Porém, se o nível de acesso estiver sempre em 100% e o computador apresentar muita lentidão, é bom verificar.

**D. Rede**: Informa o nível de conexão com a rede, que pode ser a internet ou mesmo uma rede local, caso esteja no trabalho, por exemplo. Monitorar a conexão com a rede é uma boa maneira de saber se o computador está acessando a internet exageradamente. Alguns programas, como os antivírus, por exemplo, podem causar esse tipo de problema.

**E. GPU**: Informa o nível de uso do processamento gráfico. Alguns computadores possuem placa de vídeo dedicada e conseguem fazer um processamento gráfico mais pesado sem muitos problemas. Porém, o sistema operacional é o responsável por decidir se um determinado programa rodará na placa de vídeo dedicada ou na memória de vídeo compartilhada.

**F. Processos em uso**: Um processo é um programa, aplicativo ou pedaço de um programa que consome recursos do computador. Cada um dos processos precisa se registrar no sistema operacional para conseguir acesso aos recursos da máquina (memória, disco, processador). Por isso, é possível monitorar todos os processos que estão rodando no computador. Caso um processo esteja causando lentidão no computador, é possível matá-lo. Para isso, basta clicar com o botão direito em cima do nome do processo e clicar em *Finalizar tarefa* (porém, cuidado: alguns processos são parte do sistema operacional, e finalizá-los pode causar problemas no funcionamento do computador).

# Ligando e desligando corretamente o Windows

Como vimos, o sistema operacional roda uma quantidade grande de processos o tempo todo. Muitos desses processos começam a funcionar no momento da inicialização do sistema e não devem ser abortados abruptamente, porque ao longo do tempo podem causar problemas irreparáveis no sistema operacional (um sistema operacional que não funciona inutiliza completamente o PC).

## INICIALIZANDO O SISTEMA

Na maioria dos PCs, basta pressionar o botão *Ligar* para que o Windows comece a preparar o computador para a inicialização. Esse procedimento de inicialização, embora seja simples para o usuário do PC, consiste em acionar uma série de processos fundamentais para o funcionamento do computador.

> Não é recomendado interromper abruptamente a inicialização do sistema, porque isso pode inutilizar o computador.

Dependendo das configurações do PC, pode ser necessário informar o usuário e a senha para completar a inicialização do sistema (veremos alguns detalhes no Capítulo 3, quando falarmos de configurações).

## DESLIGANDO O WINDOWS 10

No *Menu Iniciar*, logo acima do botão com o logo do Windows, temos o botão *Ligar/Desligar* que apresenta as opções *Suspender*, *Desligar* e *Reiniciar* quando o Windows está em funcionamento.

> É fortemente recomendado que o desligamento do computador seja feito pelo botão *Ligar/Desligar* do Windows, para evitar que algum processo seja interrompido de forma incorreta e ocasione problemas no sistema. Em casos específicos, um erro no desligamento pode deixar o PC inutilizado.

# Anotações

# Anotações

# Anotações

# 2

## Funcionamento e recursos básicos

OBJETIVOS

» Fundamentos do Windows 10
» Conhecer a loja de aplicativos

# Funcionamento básico do Windows 10

Já entendemos no primeiro capítulo o funcionamento básico de um sistema operacional e vimos também que o Windows 10 é um sistema operacional. Contudo, ao longo de tantos anos sendo o sistema operacional mais usado em computadores pessoais, o Windows se tornou um misto de sistema operacional e conjunto de ferramentas de produtividade.

## ACESSANDO A LOJA DE APLICATIVOS

Quem já trabalha há algum tempo com o Windows deve estar acostumado com as muitas versões diferentes e as tradicionais mudanças de versão que deixavam os usuários ansiosos e, algumas vezes, frustrados. Isso porque as novidades nas trocas de versão, às vezes, faziam uma completa alteração na aparência do sistema.

Isso começou a mudar a partir da versão 8, já que a Microsoft iniciou um trabalho de unificação entre o sistema operacional dos PCs e o dos dispositivos móveis. Embora a participação da Microsoft ainda seja pequena no mercado de sistemas operacionais para smartphones, o Windows vem tentando manter essa conectividade.

Com isso, a Microsoft começou a mudar a nomenclatura, de programas para aplicativos, e agora o Windows também tem o conceito de loja de aplicativos.

1. Para acessar a loja de aplicativos, pressione a tecla *Windows* no teclado, ou clique sobre o botão *Windows* no canto inferior esquerdo da *Área de Trabalho*.
2. É aberto o *Menu Iniciar* (que veremos em detalhes mais adiante), onde é possível encontrar a loja de aplicativos Microsoft Store. Clique sobre ela para abri-la.

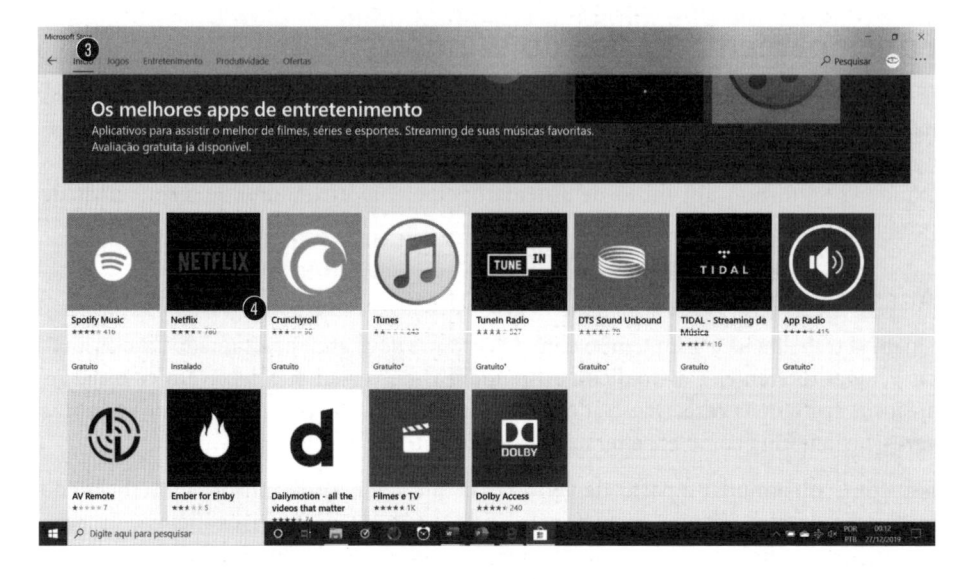

3. Ao entrar na loja de aplicativos, é possível encontrar qualquer programa que foi desenvolvido especialmente para o Windows 10. Alguns são universais e funcionam tanto no PC quanto no dispositivo móvel.

4. Alguns aplicativos já vêm instalados na maioria dos PCs vendidos oficialmente com o Windows e podem ser encontrados na loja de aplicativos gratuitamente, como é o caso do aplicativo Netflix na imagem anterior (lembre-se de que muitos aplicativos são gratuitos, mas dependem de um serviço de assinatura pago para funcionar).

5. Ao clicar em um dos aplicativos da loja, abre-se uma janela onde é possível obter várias informações antes de decidir instalá-lo ou não no PC, ou verificar se o aplicativo já está instalado ou não.

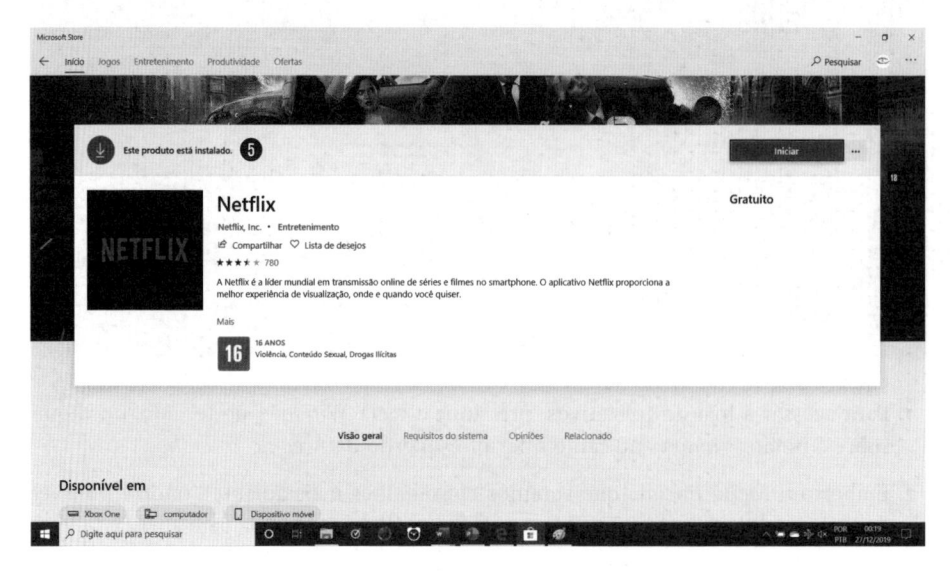

# Encontrando aplicativos no seu computador

O Windows 10 já vem com uma série de aplicativos instalados e disponíveis para uso. Vejamos três funcionalidades básicas que ajudam a acessar os aplicativos: o *Menu Iniciar*, a *Barra de Tarefas* e os ícones da *Área de Trabalho* (ver Capítulo 1).

## MENU INICIAR

Velho conhecido dos usuários do Windows, o *Menu Iniciar* é o local onde deveríamos começar qualquer trabalho no Windows. Nele, temos acesso aos principais aplicativos, além de uma série de recursos do sistema operacional.

1. Para acessar o *Menu Iniciar*, basta clicar no botão *Windows* no canto inferior esquerdo da *Área de Trabalho*, ou então pressionar a tecla *Windows* no teclado. A seguinte tela será aberta.

- **A. Botões de configuração**: Na lateral esquerda do *Menu Iniciar*, temos os botões para acesso rápido às configurações da sua conta de acesso ao PC, à pasta de documentos, à pasta de imagens e às *Configurações* do Windows (que veremos mais à frente).
- **B. Lista de aplicativos em ordem alfabética**: Aqui você terá acesso a todos os aplicativos instalados no computador, por ordem alfabética e alguns organizados por pastas. Clicando na setinha que aparece em frente ao nome de alguns aplicativos, é possível fixá-los nos grupos de aplicativos.
- **C. Grupos de aplicativos**: Os grupos de aplicativos mostram os aplicativos mais populares e os principais recursos do Windows, mas é possível reorganizá-los para facilitar o uso:

2. Para alterar a posição de um aplicativo, clique sobre ele e arraste para a posição desejada nos grupos de aplicativos.

3. Para criar grupos, arraste um aplicativo para cima de outro. Adicione outros aplicativos seguindo os mesmos passos.

4. Para renomear grupos, clique sobre o nome do grupo e digite o nome desejado.

## Barra de Tarefas

A *Barra de Tarefas* talvez seja o recurso mais utilizados pela maioria dos usuários do Windows. Analisando em detalhes, essa barra tem cinco partes:

**A. Botão *Windows***: Como já vimos anteriormente, por este botão temos acesso ao *Menu Iniciar*.

**B. Barra de Pesquisa**: A *Barra de Pesquisa* ajuda a achar aplicativos, arquivos, pastas ou configurações. Basta digitar o nome ou um pedaço do nome do que se procura. Pode ser usada também para pesquisar resultados sobre algum assunto na internet, caso haja uma conexão ativa.

**C. Recursos e aplicativos ativos e/ou fixos na *Barra de Tarefas***: É possível fixar alguns recursos ou aplicativos mais usados nesta área para facilitar o acesso. Esses recursos e aplicativos aparecerão sempre na *Barra de Tarefas*, independentemente de estarem em uso ou não. Além disso os aplicativos em uso também aparecerão na *Área de Trabalho*, para facilitar a alternância do uso (a funcionalidade das teclas *Alt + Tab* das versões anteriores está mantida). Vale ressaltar que as configurações do Windows de cada fabricante de PCs costumam conter algumas ferramentas e aplicativos específicos fixos na *Barra de Tarefas*, para facilitar o uso daquele determinado fabricante (como as atualizações de drivers, por exemplo).

> Drivers são pequenos programas usados pelo sistema operacional para controlar dispositivos periféricos, como impressoras ou monitores. O Windows precisa de uma quantidade enorme de drivers para prover compatibilidade com a maioria dos fabricantes disponíveis no mercado. A cada atualização do Windows, centenas de drivers novos ou atualizados são adicionados. Seu PC pode precisar de drivers específicos do seu fabricante para manter a compatibilidade, dependendo do grau de customização do sistema operacional feita pelo fabricante.

**D. Área de notificações**: A área de notificações mostra informações sobre os principais recursos do sistema operacional, tais como a conexão com a internet, a situação do OneDrive, o nível de carga da bateria (no caso de notebooks), o volume do som do sistema, entre outras. Assim como as demais áreas da *Barra de Tarefas*, é possível alterar as notificações de acordo com os recursos mais usados.

> O OneDrive é o serviço de armazenamento em nuvem da Microsoft. Pelo fato de ser da mesma empresa fabricante do Windows 10, possui uma integração melhor com o Windows do que os demais serviços de armazenamento, como o Google Drive, por exemplo. Vale ressaltar que, apesar do nome, esse recurso não tem nenhuma relação com os drivers.

E. **Calendário e mensagens do sistema**: A data e a hora do sistema ficam expostas constantemente na *Barra de Tarefas*, por padrão. Clicando sobre essa área, é possível acessar a agenda configurada e incluir eventos. Ao lado do relógio, temos as principais notificações (mensagens) do sistema.

## ÍCONES DA *ÁREA DE TRABALHO*

A terceira forma de acessar seus arquivos e aplicativos é através dos ícones na *Área de Trabalho*, onde é possível colocar arquivos ou apenas atalhos. Valem algumas observações:

- **Localização dos arquivos**: As pastas ou arquivos que não estejam salvos (gravados) na *Área de Trabalho* podem ser acessados através de atalhos, mas também é possível armazenar arquivos diretamente na *Área de Trabalho*. Observando a imagem a seguir, podemos visualizar facilmente a diferença.

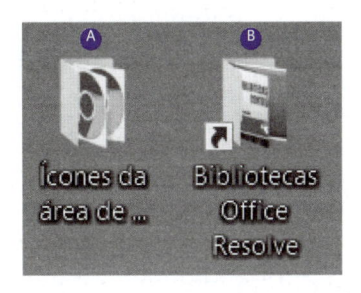

A. O item A é uma pasta chamada *Ícones da Área de Trabalho* e está armazenada exatamente na *Área de Trabalho*, ou seja, os arquivos dentro da pasta estão armazenados na *Área de Trabalho*. Como a *Área de Trabalho*, por padrão, está associada ao usuário, o acesso aos arquivos nela armazenados estará restrito ao próprio usuário (exceto pelos usuários com privilégio de administração).

B. O item B é um atalho para uma pasta chamada *Bibliotecas Office Resolve*, que pode estar armazenada em qualquer lugar no PC. Isso fica evidente pela setinha que aparece na parte inferior esquerda do ícone. Os arquivos que não estão na *Área de Trabalho* estão sujeitos às restrições de segurança da pasta onde estiverem localizados.

- **Área de Trabalho e performance do PC**: A *Área de Trabalho* tem uma quantidade muito grande de configurações que podem ser alteradas pelo usuário (como veremos nos próximos tópicos). Porém, as configurações da *Área de Trabalho* e a quantidade de arquivos e pastas armazenados nela podem influenciar a performance do PC e do seu trabalho. De forma geral, para um PC sem muito poder de processamento, seria melhor manter uma *Área de Trabalho* mais limpa. Pensando na produtividade geral da pessoa que usa o Windows 10, também vale manter a *Área de Trabalho* com poucos atalhos e arquivos, mantendo apenas o que é mais relevante para o trabalho do dia a dia.

# Exercícios resolvidos passo a passo

A partir de agora, vamos fazer alguns exercícios para entender os detalhes das configurações básicas do Windows 10. Os exercícios estão resolvidos passo a passo, mas você pode tentar fazê-los antes de ver a resolução.

## PERSONALIZANDO O MENU INICIAR

O *Menu Iniciar* é o ponto de partida para o nosso trabalho do dia a dia. Dessa forma, seria muito bom que ele estivesse configurado de modo a facilitar o trabalho. Sabendo que meu trabalho diário é voltado para a criação de conteúdos com o Microsoft Office (principalmente os aplicativos Word, Excel e PowerPoint) e a edição de imagens (usando o aplicativo Paint 3D, que veremos em mais detalhes no Capítulo 4), vamos personalizar o *Menu Iniciar* para facilitar meu trabalho.

1. Abra o *Menu Iniciar* clicando no botão *Windows*.
2. Na lista de aplicativos em ordem alfabética, localize o Excel.
3. Clique com o botão direito sobre o ícone do Excel e, no menu que se abre, clique em *Fixar em Iniciar*.
4. Repita os passos 1, 2 e 3 para os aplicativos Word, PowerPoint e Paint 3D.
5. Com o botão direito do mouse, clique sobre cada um dos aplicativos que estão agrupados no lado superior direito do *Menu Iniciar* e use a opção *Desafixar de Iniciar* para abrir espaço.

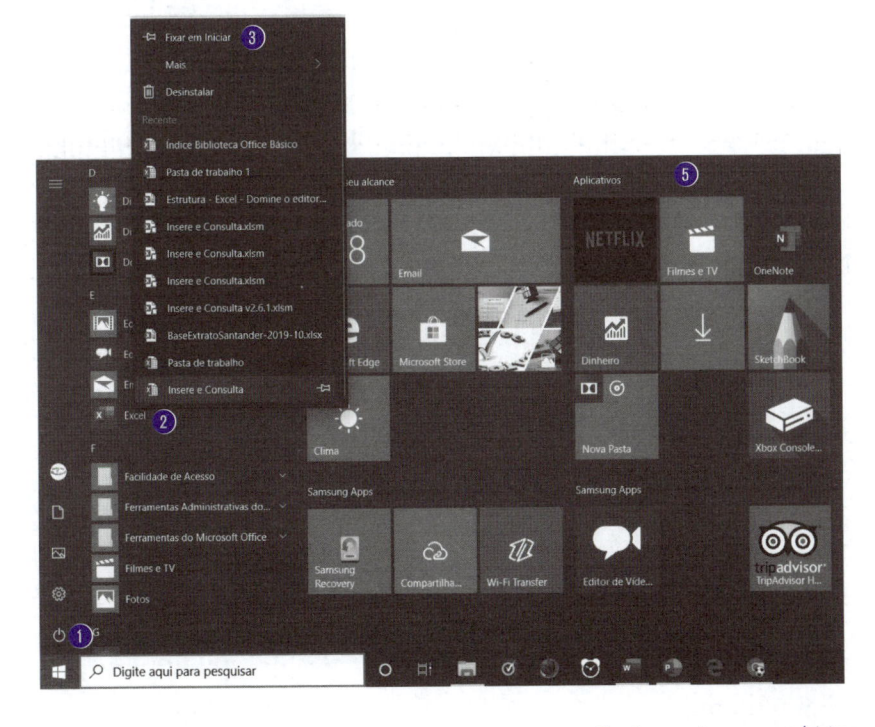

**6.** Um de cada vez, clique sobre os aplicativos Excel, PowerPoint, Word e Paint 3D, arrastando-os para o canto superior direito (onde estavam os aplicativos excluídos no passo 5) e crie um grupo com o nome *Meu Dia a Dia*.

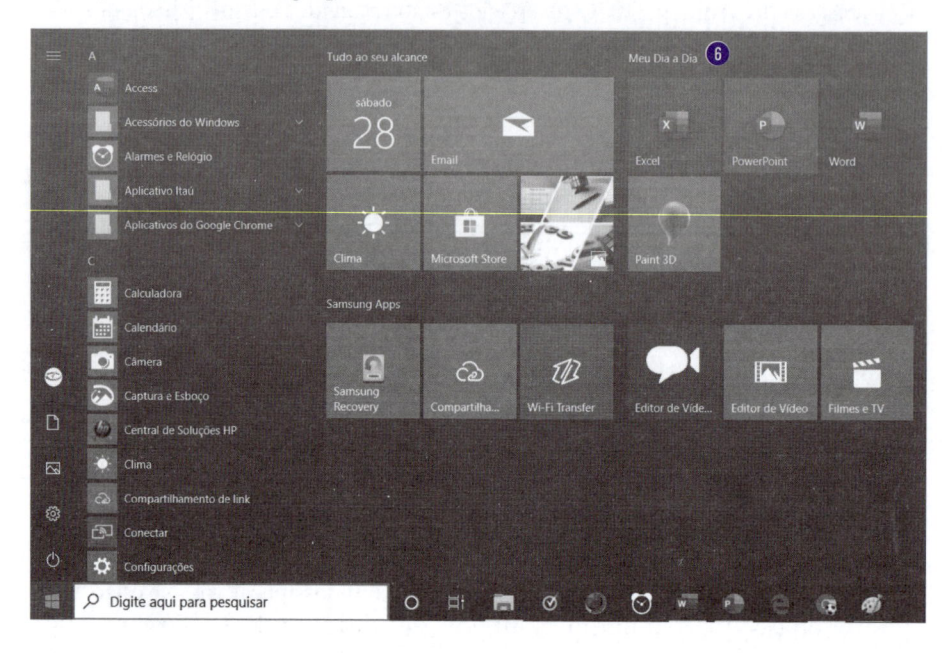

Pronto, o *Menu Iniciar* já está ajustado!

## Personalizando a Área de Trabalho

A *Área de Trabalho* muitas vezes reflete a identidade visual da empresa para a qual se trabalha. Considerando que, neste exemplo, trabalho para um portal de conteúdo, vamos personalizar a *Área de Trabalho* para refletir a identidade desse portal.

1. Clique com o botão direito do mouse em um espaço vazio da *Área de Trabalho*.
2. No menu que se abre, escolha *Personalizar*.

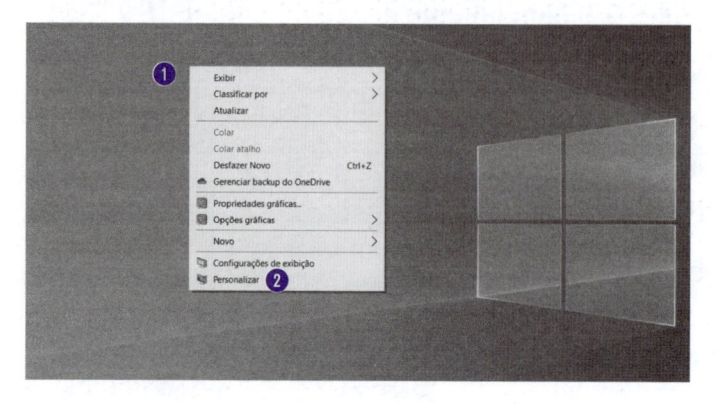

3. Será aberta a janela *Configurações*. Em *Tela de fundo*, escolha *Imagem*.
4. Selecione uma imagem que se adeque à identidade visual de empresa, ou escolha a de que mais gostar.
5. Caso nenhuma imagem seja apropriada, clique em *Procurar* e localize a imagem mais adequada nas pastas do seu PC.
6. Feche a janela *Configurações*, clicando no *X* no canto superior direito.

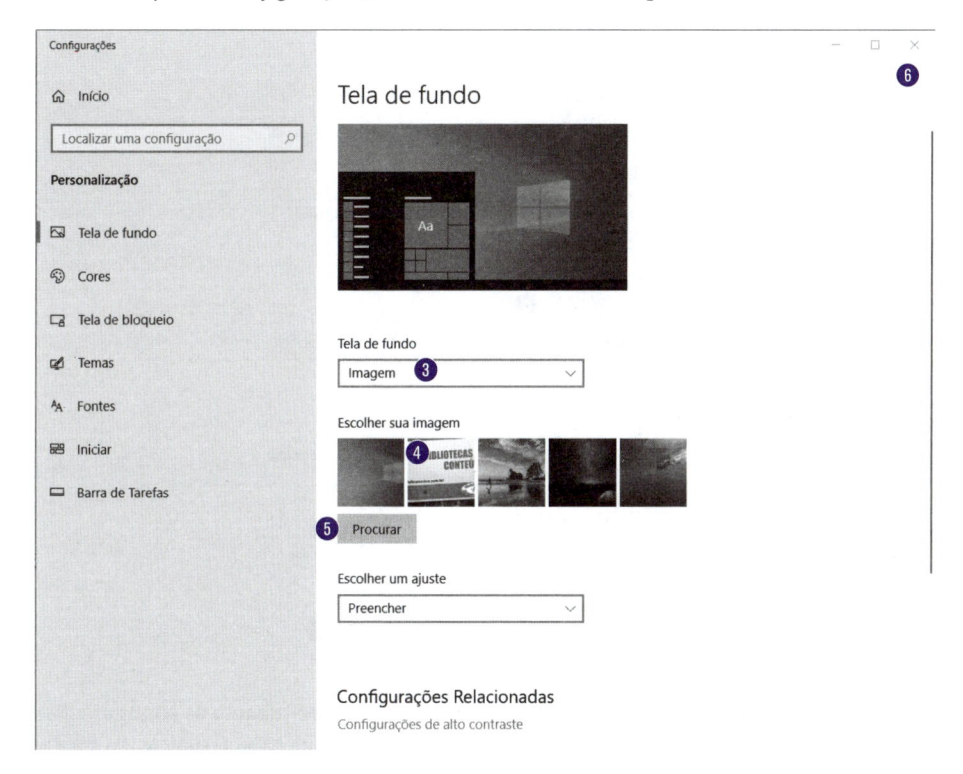

Pronto! A *Área de Trabalho* foi personalizada.

## Personalizando a Barra de Tarefas

Por último, vamos personalizar a *Barra de Tarefas*, que provavelmente oferece a maior quantidade de personalizações possíveis. Vamos diminuir o tamanho dos botões e mudar a localização da barra, deixando-a na lateral esquerda, em vez de aparecer na parte inferior. Também vamos ocultar a barra quando não estiver em uso.

1. Clique com o botão direito do mouse no espaço entre os ícones de aplicativos e a área de notificações.

2. No menu à esquerda, escolha *Barra de Tarefas*.

3. Nas opções à direita, ative *Ocultar automaticamente a Barra de Tarefas no modo de Área de Trabalho*.

4. Em seguida, ative *Usar botões pequenos da barra de tarefas*.

5. Por fim, em *Local da barra de tarefas na tela*, escolha a opção *Esquerda*.

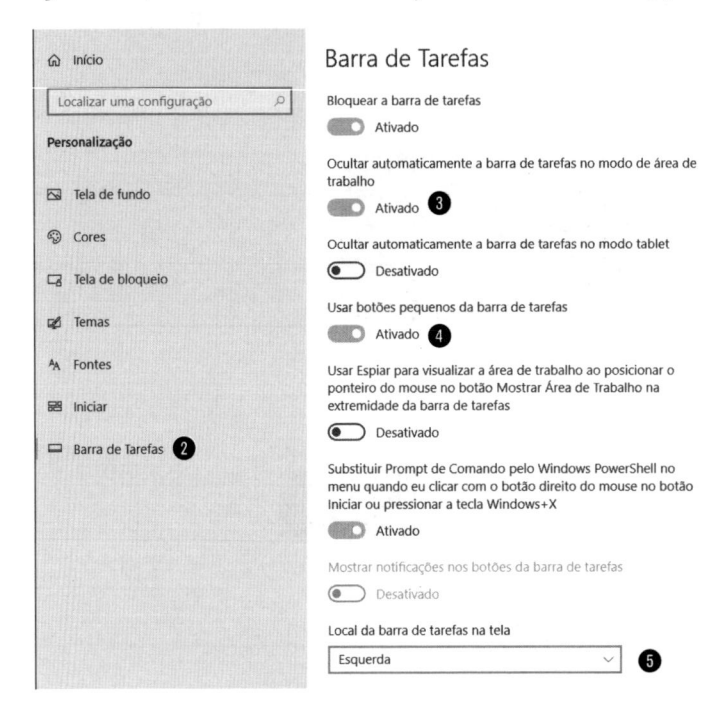

6. Pronto! A *Barra de Tarefas* está configurada (observe que enquanto as configurações são feitas na janela *Configurações*, o Windows já muda as características da barra. Depois da última configuração, é só fechar a caixa de diálogo e tudo estará feito).

# Exercícios de reforço

Agora vamos praticar com exercícios de reforço. Use os conhecimentos estudados até agora para fazer mais algumas configurações no Windows 10.

## AJUSTAR ALGUMAS CONFIGURAÇÕES DA *BARRA DE TAREFAS*

1. Às vezes, é difícil se acostumar com a *Barra de Tarefas* em outras posições. Usando o que aprendeu, retorne a barra para a posição original, na parte inferior da tela.

## PREPARAR O TRABALHO DO PRÓXIMO CAPÍTULO

1. No próximo capítulo, trabalharemos com os principais aplicativos do Windows 10. Para facilitar, no canto superior direito do *Menu Iniciar*, crie um grupo de aplicativos chamado *Principais aplicativos do Windows 10* e arraste para dentro dele os seguintes aplicativos:

- Calendário;
- E-mail;
- Clima;
- Microsoft Store;
- Fotos;
- Editor de Vídeos;
- Filmes e TV;
- Paint 3D;
- Bloco de Notas;
- Internet Explorer;
- Paint;
- Windows Media Player;
- Calculadora;
- Outro aplicativo que desejar.

Adicionados recentemente
Complemento do Mecanismo de Mí...
A
Access
Acessórios do Windows
Alarmes e Relógio
Aplicativo Itaú
Aplicativos do Google Chrome
C
Calculadora
Calendário
Câmera
Captura e Esboço
Central de Soluções HP
Clima
Compartilhamento de link
Principais aplicativos do Windows 10
1
domingo
29
Email
Clima
Microsoft Store
Editor de Víde...
Editor de Vídeo
Filmes e TV
Paint 3D
Bloco de Notas
Internet Explorer
Paint
Windows Media Player
Calculadora
Meu Dia a Dia
Excel
PowerPoint
Word
Sway
Access
OneNote
Aplicativos de Apoio
Câmera
Lupa
Desfragmentar e Otimizar...
Microsoft Edge
OneDrive
Google Chrome
Digite aqui para pesquisar

# Anotações

# Anotações

# 3
# Principais aplicativos

OBJETIVOS

» Conhecer os recursos de calendário, e-mail e contatos
» Trabalhar com imagens e vídeo
» Conhecer os recursos para edição de texto e acesso à internet

## Programas, aplicativos e ferramentas

Como vimos no primeiro capítulo, além de ser o sistema operacional mais usado em PCs, o Windows 10 possui uma variedade de aplicativos e ferramentas para ajudar nas tarefas diárias. Para fins didáticos, usaremos a nomenclatura "aplicativo" referindo-se tanto a aplicativos quanto programas, e chamaremos de "ferramentas" as partes do Windows que se comportam como aplicativos, mas que se destinam a executar alguma tarefa administrativa ou de manutenção do PC. Neste capítulo, veremos os principais aplicativos destinados à produtividade, e no Capítulo 5 falaremos das ferramentas do sistema.

O Windows 10 possui uma loja de aplicativos, como já vimos, mas desde as versões anteriores há uma série de aplicativos que já vem instalada por padrão e praticamente fazem parte do uso do Windows. A seguir, veremos os mais conhecidos e mais utilizados no dia a dia.

# Calendário, Email e Contatos

O Windows 10 possui um aplicativo integrado e gratuito que pode ser configurado para servir como caixa de e-mails, agenda e controle de contatos. Pode-se dizer que o Windows possui três aplicativos diferentes, um para cada um desses controles, mas que possuem integração e permitem um controle centralizado.

## CALENDÁRIO

O Calendário possibilita que você controle sua agenda pelo PC. É possível sincronizar calendários de outros serviços, como contas do Outlook.com ou do Google.

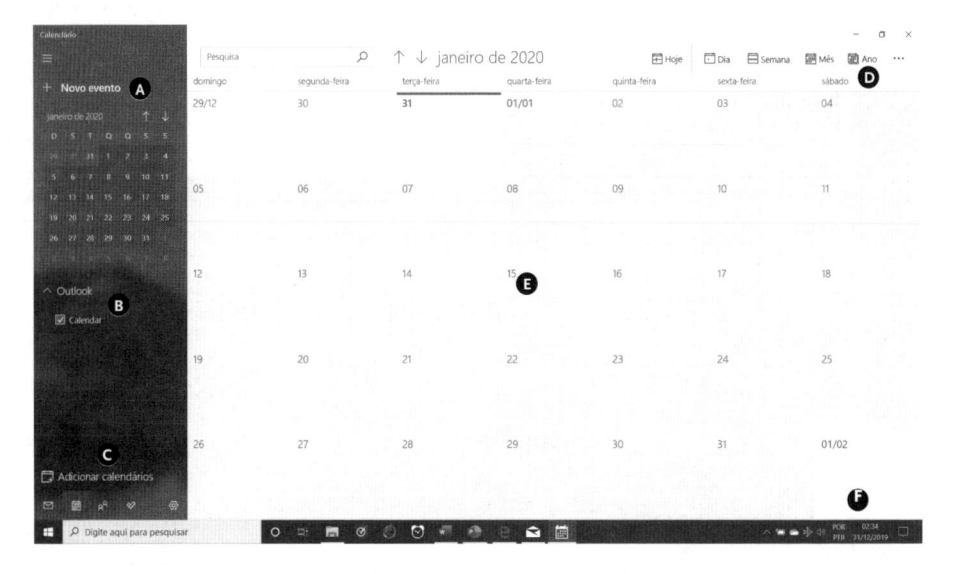

A. **Novo evento**: permite a inclusão de novos eventos na agenda.

B. **Contas**: apresenta as contas de calendários que estão sincronizados.

C. **Botões de acesso**: permitem adicionar calendários, ver e-mails e contatos.

D. **Visualização**: permite visualizar o calendário por dia, semana, mês ou ano.

E. **Agenda**: área de visualização da agenda.

F. **Data da *Barra de Tarefas***: também permite acessar a agenda.

## EMAIL

Caso queira controlar seus e-mails pelo PC e não tenha o aplicativo Outlook instalado, você pode usar o aplicativo Email (vale ressaltar: o webmail gratuito da Microsoft há algum tempo se chama Outlook.com. Não confunda o aplicativo Outlook do Microsoft Office com a conta de e-mail gratuita do Outlook.com). Portanto, é possível configurar sua conta do Outlook.com diretamente no PC, com o aplicativo Email.

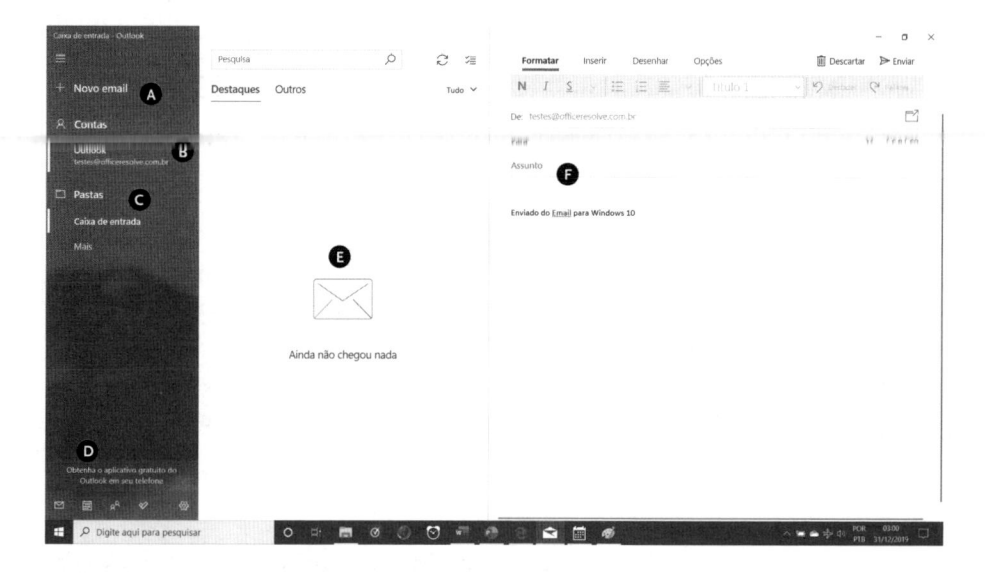

**A. Novo email**: permite criar um e-mail.

**B. Contas**: exibe as contas configuradas no aplicativo.

**C. Pastas**: permite criar pastas para armazenar e-mails.

**D. Botões de acesso**: permitem ver calendários e contatos.

**E. Caixa de entrada**: mostra os e-mails recebidos.

**F. Mensagem**: permite ler e escrever e-mails.

> Embora muitas pessoas prefiram usar o e-mail diretamente no site (webmail), com os aplicativos é possível juntar em uma mesma caixa de entrada contas de e-mails de domínios diferentes (como Outlook.com e Gmail.com, por exemplo).

## Contatos

As contas de agendas e de e-mails configuradas nos aplicativos acima também costumam possuir uma agenda de contatos. Você pode juntar a visualização de todos esses contatos no aplicativo Pessoas.

# Imagens e vídeo

O Windows 10 também possui aplicativos que podem ser usados para visualização, edição básica e armazenamento de imagens e vídeos.

## Fotos

O aplicativo Fotos é um dos mais usados, porque quando clicamos em qualquer imagem, esse é o aplicativo-padrão no qual a imagem será aberta. Com as mídias sociais e os serviços de armazenamento de imagem em nuvem, o uso desse aplicativo tem diminuído sensivelmente, mas mesmo assim é um aplicativo bem versátil.

O real objetivo do aplicativo Fotos é possibilitar que você organize suas fotos (e outras imagens) de maneira fácil, sem ser necessário ficar criando pastas no computador (veremos mais sobre como usar pastas no Capítulo 4).

### Adicionar imagens de uma pasta

Muitas das atividades profissionais que fazemos requerem que trabalhemos com uma série de imagens. Sendo assim, vamos organizar as imagens disponíveis em seu computador.

1. Acesse o aplicativo Fotos pelo *Menu Iniciar* ou pela *Barra de Pesquisa*.
2. Na primeira página do aplicativo, clique em *Importar* para trazer as imagens para o aplicativo.
3. Em seguida, escolha a opção *De uma pasta*.

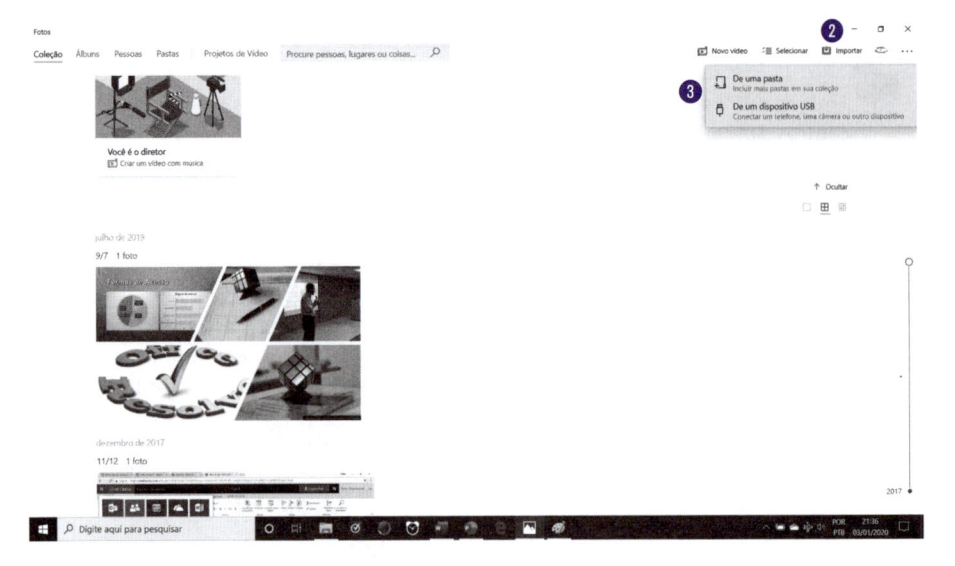

4. Nas opções apresentadas, escolha a pasta ou as pastas que deseja adicionar (no exemplo, escolhi a pasta onde salvei as capturas de tela para usar neste livro, mas você pode selecionar qualquer pasta com imagens em seu computador).
5. Caso a pasta desejada não apareça disponível, clique em *Adicionar outra pasta*
6. Por fim, clique em *Adicionar pastas* para adicionar ao aplicativo as imagens que estão dentro das pastas selecionadas.

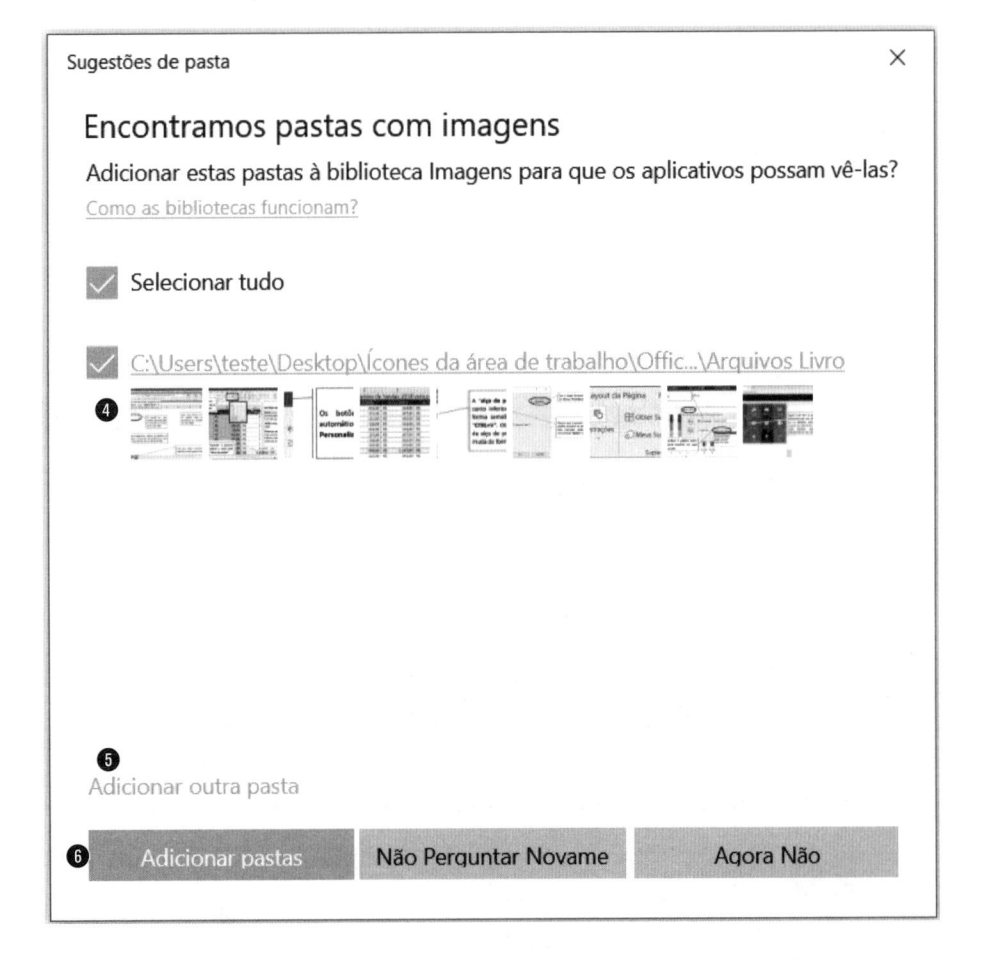

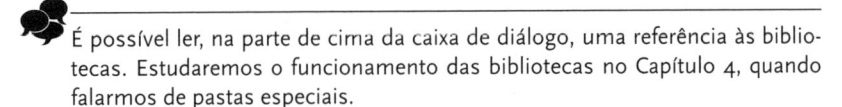

> É possível ler, na parte de cima da caixa de diálogo, uma referência às bibliotecas. Estudaremos o funcionamento das bibliotecas no Capítulo 4, quando falarmos de pastas especiais.

## Visualizar e organizar imagens e fotos

Depois de importar as imagens para o aplicativo Fotos, podemos visualizá-las em detalhes e criar álbuns para organizá-las. Vamos criar um álbum de imagens e, em seguida, um vídeo de apresentação com o álbum criado.

1. No aplicativo Fotos, clique na aba *Álbuns*.
2. Para criar nosso primeiro álbum, clique em *Novo Álbum*.

3. Na janela que se abre, é possível selecionar três tamanhos de visualização das fotos que se quer inserir no álbum.
4. Selecione as imagens que deseja incluir no álbum.
5. Clique em *Criar* para criar o álbum.

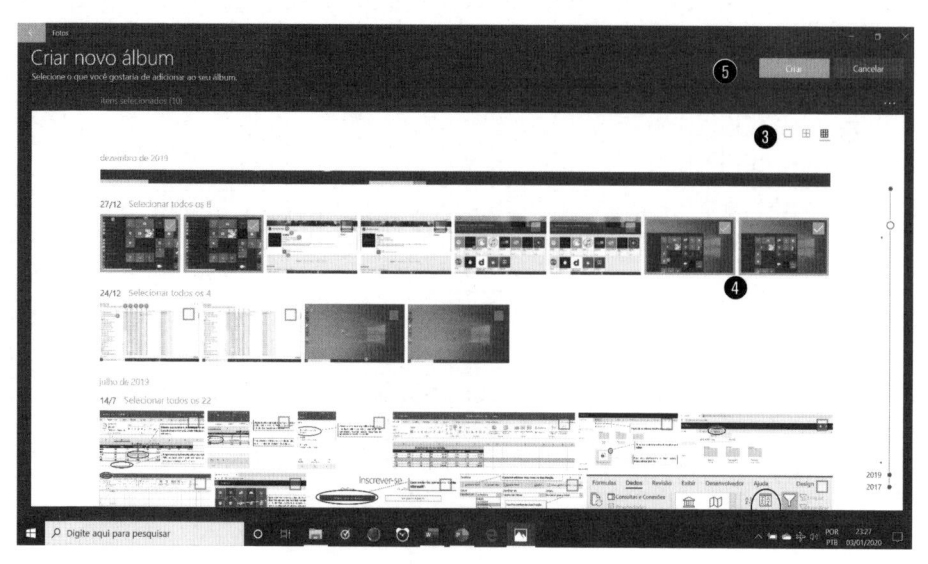

6. Clique no ícone do lápis para definir o nome desejado para o álbum, no exemplo, *Menu Iniciar*.

7. Clique em *Assistir* para ver as imagens do álbum no formato de apresentação de slides em vídeo, ou clique em *Editar* para editá-lo.

8. Para gravar o álbum na nuvem e acessá-lo a partir de outros dispositivos, clique em *Salvar no OneDrive*.

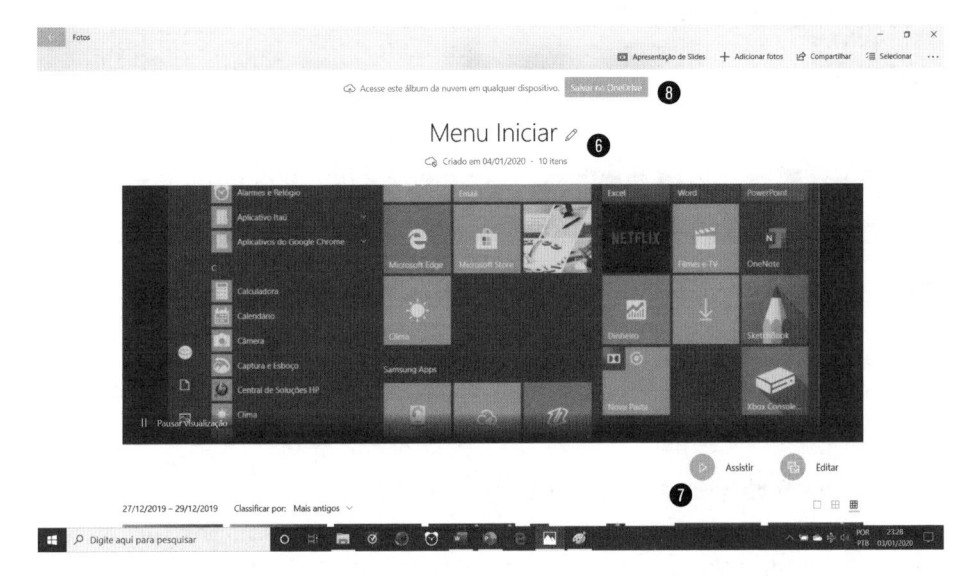

Também é possível editar o vídeo para ajustar pequenos detalhes, como o tempo de aparição de cada imagem, ou para colocar efeitos.

9. Clique em *Adicionar* para incluir novas fotos na apresentação/vídeo.

10. No *Storyboard*, é possível alterar a ordem das imagens e o tempo de aparição, ou excluir fotos do vídeo.

11. Se desejar, inclua uma *Música de Fundo* ou áudio personalizado.

12. Para adicionar um slide inicial com título, clique em *Adicionar cartão de título*.

13. Para inserir efeitos, clique em *Texto, Movimento, Efeitos 3D* ou filtros.

14. Clique em *Concluir vídeo* para gerar um vídeo que possa ser compartilhado com seus amigos.

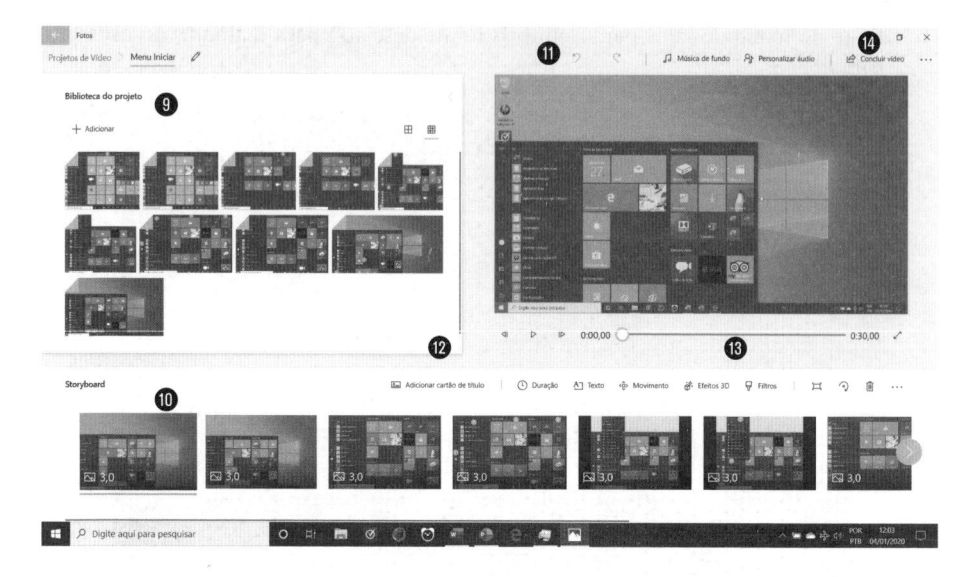

Pronto! Agora, você sabe criar filmes para apresentações no trabalho, para eventos sociais como aniversários e casamentos ou simplesmente para compartilhar nas redes sociais.

## Editar e aplicar efeitos em imagens e fotos

Imagine que antes de criar um vídeo para compartilhar com seus amigos, você perceba que seria melhor cortar alguns detalhes da foto e aplicar um filtro. Neste exercício, vamos fazer uma alteração em uma imagem do algum criado no exercício anterior, mas esse procedimento pode ser usado em qualquer foto.

1. Na página inicial do álbum, clique em uma das imagens para entrar no modo de exibição do aplicativo Fotos.

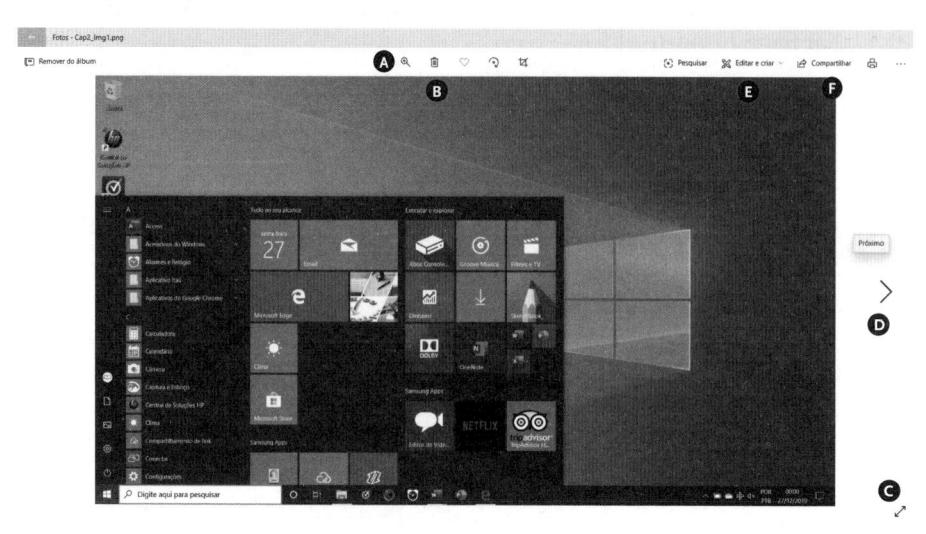

**A.** O ícone da lupa permite aumentar o zoom da imagem.

**B.** O ícone da lixeira serve para apagar a imagem selecionada.

**C.** A dupla seta em diagonal coloca a imagem em modo de tela cheia.

**D.** As setas nas laterais permitem ver as outras fotos que estiverem na mesma pasta ou álbum (os botões *Anterior* e *Próximo* só aparecem quando você aproximar o ponteiro do mouse de cada uma das laterais da imagem).

**E.** O botão *Editar e criar* serve para incluir efeitos.

**F.** *Compartilhar* oferece opções para enviar a imagem para outras pessoas.

**2.** Clique em *Editar e criar* para entrar no modo de edição do aplicativo.

**3.** No modo de edição, clique em *Editar*.

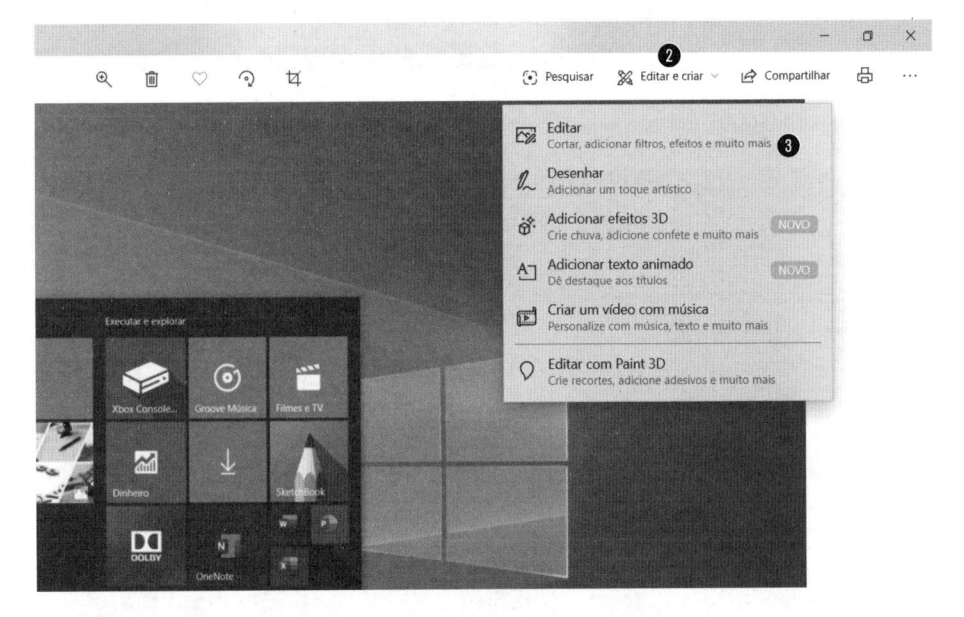

**4.** Clique em *Recortar e Girar* para usar a ferramenta de corte de imagem.

**5.** Clique no canto superior direito (ou em um dos demais cantos) e arraste para fazer o corte na imagem.

**6.** Arraste até o ponto onde deseja (a parte que ficar esmaecida será cortada da imagem).

**7.** Agora, clique em *Filtros*.

**8.** Escolha uma das opções disponíveis para aplicá-la.

**9.** Clique na seta ao lado do botão *Salvar uma cópia* e, em seguida, clique em *Salvar*.

Pronto! A imagem (ou foto) está editada.

> É importante lembrar que dependendo da quantidade de fotos ou do tamanho do vídeo, o aplicativo Fotos pode ficar bem pesado, ou seja, pode funcionar com lentidão em computadores com menos poder de processamento.

Além da funcionalidade de edição de vídeo que usamos no exercício do capítulo anterior, no aplicativo Fotos há um link para o aplicativo Paint 3D e outro para o Editor de Vídeos um pouco mais completo, embora ainda não seja uma ferramenta para profissionais de edição de vídeo. Na sequência, veremos esses dois novos aplicativos.

## Paint 3D

O Paint 3D é o principal aplicativo de edição de imagens integrado ao Windows 10. Pelo fato de ser focado em edição de fotos, e não em organização ou criação de vídeos, possui muito mais recursos para criar e editar imagens, incluindo o formato 3D.

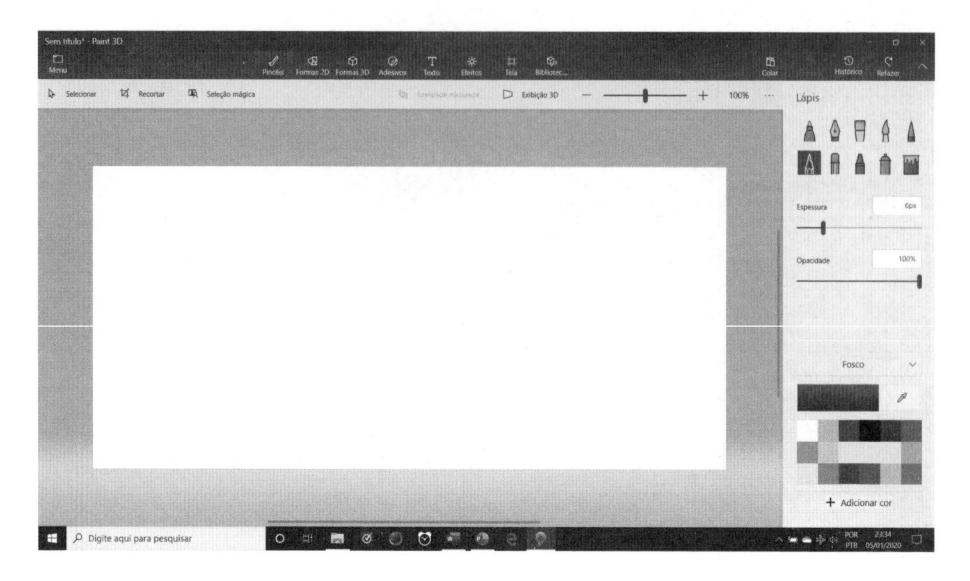

Use este aplicativo para fazer edições mais complexas ou criar imagens para seus projetos.

> Além do Paint 3D, o Windows 10 ainda tem o antigo Paint, que durante muito tempo foi o principal aplicativo para abrir e editar imagens no Windows. Se quiser usar a versão antiga do aplicativo, basta digitar *Paint* na *Barra de Pesquisa*.

## Editor de Vídeos

Para a criação ou edição de vídeos usando um arquivo de vídeo ou a câmera, use o aplicativo Editor de Vídeos. Diferentemente do aplicativo Fotos, no qual criamos um vídeo a partir de fotos, este aplicativo serve para fazer pequenas edições diretamente nos principais tipos de arquivos de vídeo. Dependendo do computador que esteja usando, o aplicativo pode ficar um pouco lento, já que editar vídeos é uma tarefa que exige muito do PC.

**A. Fazer um vídeo**: permite capturar um vídeo novo com a câmera do PC, ou com uma câmera conectada ao computador. O vídeo pode ser editado posteriormente.

**B. Escolher um vídeo**: permite abrir um arquivo de vídeo já existente para editá-lo.

Lembre-se de que esse editor de vídeos destina-se a pequenas edições, tais como cortes ou inclusão de música de fundo. Editores profissionais usam aplicativos bem mais complexos, que normalmente requerem um PC com grande capacidade de processamento.

# Texto e internet

Outros aplicativos muito úteis presentes no Windows 10 permitem fazer edição básica de textos e acessar a internet. Estamos falando do Bloco de Notas e do Microsoft Edge.

## Bloco de Notas

Um aplicativo tradicional desde as primeiras versões do Windows, usado para abrir e editar arquivos de texto bem simples, sem nenhuma formatação. Pode ser necessário para abrir arquivos importados de outros sistemas, por exemplo.

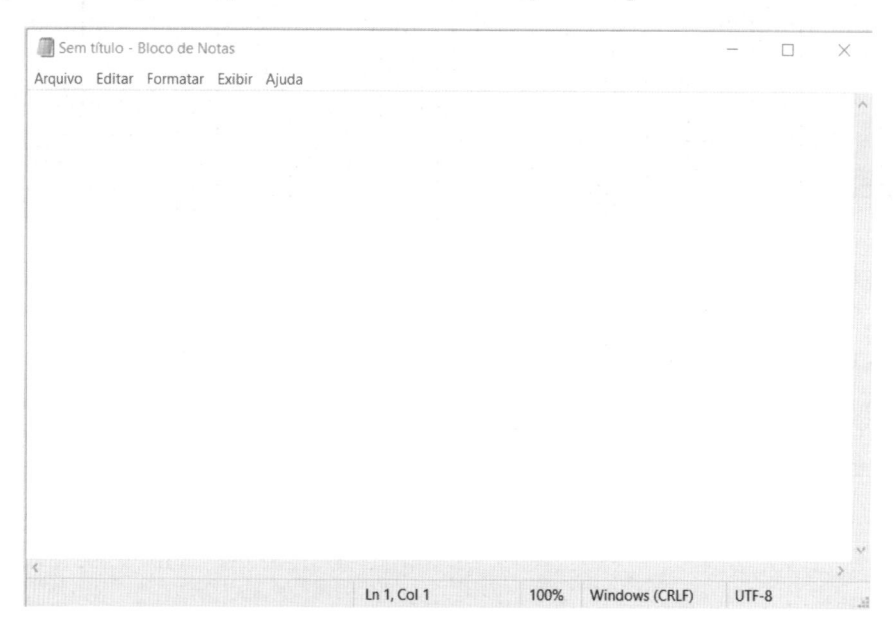

## Microsoft Edge

O atual browser ou navegador do Windows 10 tem sofrido muito ao ser comparado com seu antecessor, o inesquecível Internet Explorer, que foi o líder em número de usuários durante um bom tempo. Algumas pessoas e empresas ainda usam o Internet Explorer por questão de compatibilidade com sistemas e sites mais antigos.

A verdade é que o Edge ainda não conseguiu se firmar como uma opção ao Google Chrome, líder de mercado, que até o início de 2020 possuía mais da metade dos usuários de PCs.

> Caso seja um dos muitos usuários do Google Chrome, é necessário baixá-lo, instalá-lo e configurá-lo como padrão para navegação na web. Caso contrário, toda vez que clicar em um link, o Windows o abrirá no navegador integrado Microsoft Edge.

A imagem a seguir mostra o portal Office Resolve carregado no Edge:

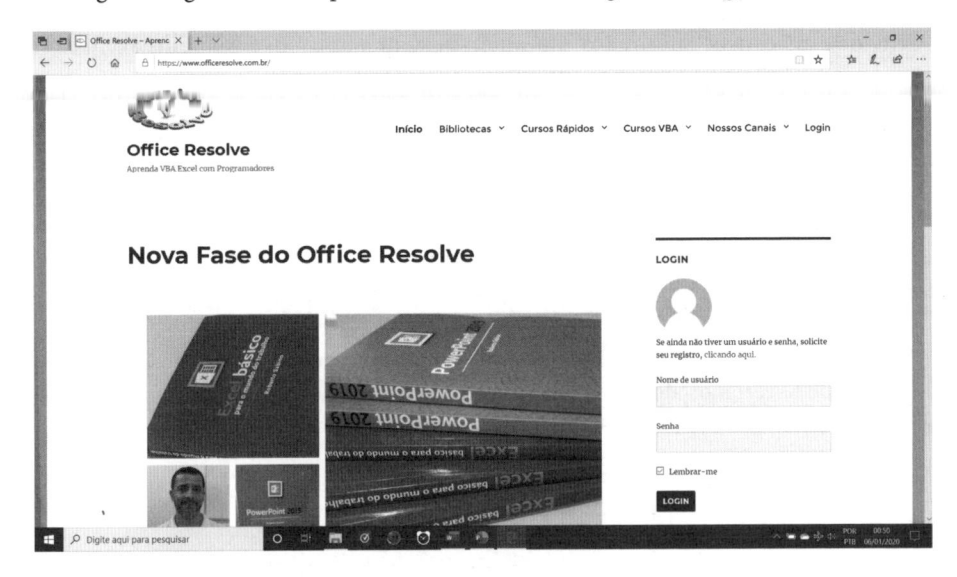

## Outros aplicativos

Além dos aplicativos mostrados até aqui, existem outros que vêm instalados no Windows 10. Entre eles, temos os seguintes:

- Calculadora;
- Filmes e TV;
- Clima;
- Gravados de Voz;
- Groove Música; e muitos mais.

Além disso, há muito mais aplicativos disponíveis na loja (que mostramos no Capítulo 2). No Capítulo 5, veremos alguns outros aplicativos que funcionam como ferramentas do sistema operacional e ajudam a manter o PC funcionando corretamente.

# Anotações

# Anotações

# 4
## Trabalhando com arquivos e pastas

OBJETIVOS

» Gerenciar arquivos e pastas no Windows 10

» Visualizar, mover, copiar e excluir arquivos

# Gerenciar arquivos e pastas

Arquivos e pastas são parte de quase todas as atividades que fazemos quando trabalhamos com um aplicativo (como vimos no capítulo anterior). Na maioria das vezes, criamos arquivos que serão armazenados para uso posterior, e uma das principais funções do sistema operacional é gerenciar os arquivos e as pastas, mantendo o funcionamento correto e a segurança básica do computador, principalmente dos arquivos de sistema.

Arquivos e pastas de sistema são importantes porque promovem o funcionamento do sistema operacional. Os arquivos de sistema estão localizados em pastas específicas que, no caso do Windows, são as mesmas desde as versões mais antigas. Veremos a seguir as principais formas de trabalhar com arquivos e pastas.

## *Explorador de Arquivos*

A principal ferramenta para explorar arquivos e pastas é chamada de *Explorador de Arquivos*, a mesma ferramenta que nas versões anteriores era conhecida por seu nome em inglês, *Windows Explorer*.

Essa ferramenta, normalmente, já está fixada na *Barra de Ferramentas*, mas também pode ser acessada pelo *Menu Iniciar*. Outra forma de acessá-la é pela *Barra de Pesquisa*, digitando *Explorador de Arquivos*. Também é comum que essa ferramenta abra automaticamente quando se conecta um pen drive ou HD externo ao PC.

Na tela inicial do aplicativo, podemos identificar algumas áreas importantes, como mostra a figura a seguir:

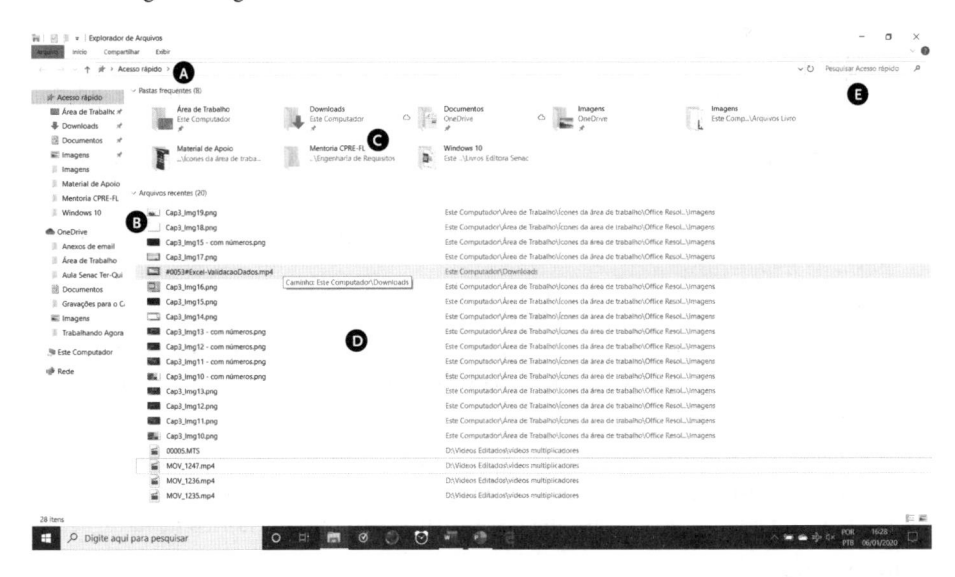

**A.** *Barra de Endereços*

**B.** Lista de pastas

**C.** *Pastas Frequentes*

**D.** *Arquivos Recentes*

**E.** *Caixa de Pesquisa*

Veremos cada uma delas em detalhes, a seguir.

## Barra de Endereços

A *Barra de Endereços* mostra a localização da pasta em que estamos trabalhando. Se abrirmos o aplicativo pelo *Menu Iniciar*, automaticamente será mostrado o grupo *Acesso Rápido*. Isso acontece, pois o Windows 10 foi otimizado para facilitar o trabalho do usuário, por isso ele mostra sempre os arquivos e pastas que provavelmente serão mais usados pelo usuário, separados em grupos, conforme veremos no próximo item.

Podemos usar a *Barra de Endereços* para acessar diretamente uma pasta, ou mesmo para copiar o caminho da pasta em que estivermos trabalhando.

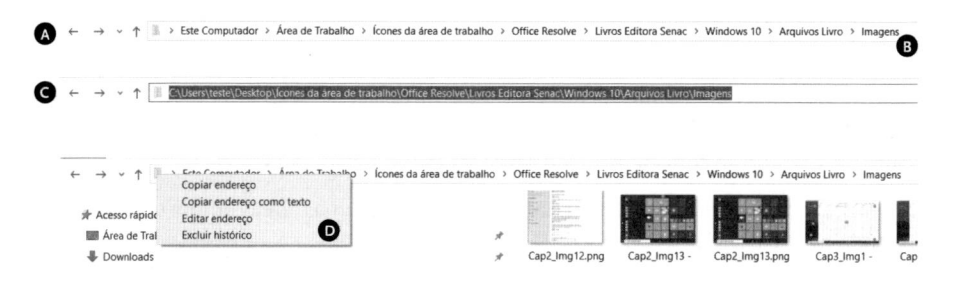

**A.** À esquerda da *Barra de Endereços* ficam alguns botões, muito semelhantes aos navegadores da web. Podemos voltar para a pasta anterior, ir para uma pasta anteriormente navegada, ir para a pasta imediatamente superior ou abrir outras opções de endereço (no ícone da pasta).

**B.** Ao acessar uma pasta, o nome das pastas que compõem o caminho é exibido na *Barra de Endereços*.

**C.** Ao clicar no final do endereço, o nome das pastas é substituído pelo endereço completo da pasta (exatamente como deveríamos escrever, se quiséssemos acessar diretamente essa pasta), que pode ser copiado para ser usado em outro documento, por exemplo.

**D.** Ao clicar com o botão direito do mouse no endereço, é possível copiá-lo para ser usado em outro aplicativo, copiar o endereço no formato de texto (como no item C), editar o endereço para acessar uma nova pasta ou excluir o histórico de navegação.

## Lista de Pastas

A lista de pastas aparece em vários momentos enquanto lidamos com arquivos. No entanto, para aumentar a produtividade, é importante entender o seu funcionamento:

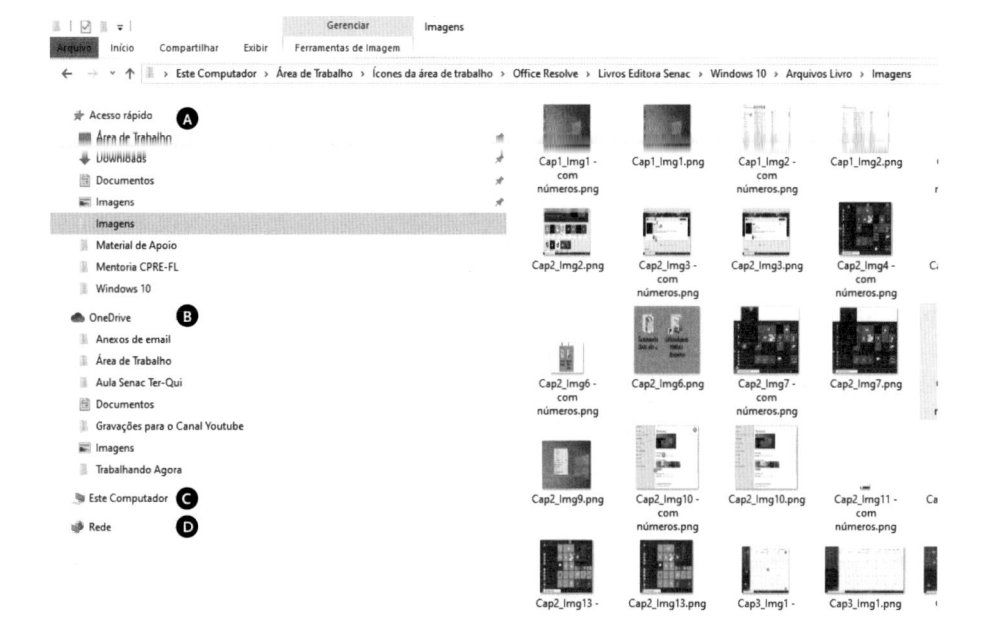

**A. Acesso rápido**: esse grupo mostra as pastas mais utilizadas. As que possuem o ícone de uma tachinha no lado direito estão fixadas, enquanto as demais são as pastas mais frequentemente acessadas. A própria *Área de Trabalho* tem uma pasta, que por padrão está sempre fixa no grupo de acesso rápido. A pasta *Downloads* é onde ficam todos os arquivos baixados de sites ou aplicativos acessados pela internet e também estará fixada ao grupo. Além dessas duas pastas, existem duas bibliotecas: *Documentos* e *Imagens*, que são conjuntos de pastas configuradas para mostrar um tipo específico de arquivos, e não apenas uma pasta (é possível incluir novas pastas em uma biblioteca).

**B. OneDrive**: as pastas que estiverem nesse grupo são aquelas que estão no serviço de armazenamento em nuvem da Microsoft. É possível sincronizar as pastas do OneDrive com as pastas do computador, de forma a trabalhar com elas como se estivessem localmente no PC. Se as pastas estiverem sincronizadas, será possível acessá-las off-line, mas as atualizações no OneDrive só serão feitas quando o computador estiver conectado à internet.

**C. Este Computador**: Ao clicar na opção *Este Computador*, o *Explorador de Arquivos* mostrará os drives disponíveis no seu PC. Normalmente, o HD principal do PC será representado pela letra *C:*. Será possível acessar, também, outras unidades, como por exemplo um HD externo ou pen drive.

**D. Rede**: Caso o PC esteja conectado a uma rede local, como costuma ser o caso em empresas, essa opção mostrará as pastas disponíveis para acesso na rede. As pastas de rede normalmente são acessíveis a outros usuários, por isso é necessária muita cautela antes de excluir ou alterar um arquivo dentro delas.

*Pastas Frequentes*

A área de *Pastas Frequentes* só aparece quando acessamos o aplicativo diretamente pelo ícone ou pelo *Menu Iniciar*. Nessa área, quando acessamos uma pasta específica, são mostrados os arquivos que estão dentro dela. Por isso, não estranhe se essa área estiver vazia quando você entrar no *Explorador de Arquivos*. Assim como no grupo *Acesso Rápido*, as pastas que estiverem fixadas estarão sempre visíveis.

*Arquivos Recentes*

Para facilitar o acesso aos arquivos, assim como às pastas, são mostrados os últimos arquivos acessados. A lista de *Arquivos Recentes* é atualizada a cada acesso, pois provavelmente esses arquivos serão acessados algumas vezes. Por isso, é importante olhar os *Arquivos Recentes* antes de ficar procurando um arquivo em seu computador.

*Caixa de Pesquisa*

A *Caixa de Pesquisa* do aplicativo permite localizar arquivos por nome ou por tipo, como se estivéssemos fazendo uma procura na internet. É possível utilizar apenas um pedaço do nome do arquivo, mas dependendo da quantidade de arquivos, a busca pode ficar demorada.

# Visualizando arquivos

Quando abrimos uma pasta que contém imagens, normalmente o Windows mostrará os ícones das imagens para que possamos visualizá-las. Porém, existem algumas formas diferentes de mostrar os mesmos arquivos dentro da pasta. Vamos alterar as propriedades de visualização para verificar como podemos mostrar esses mesmos arquivos de várias formas diferentes, através de alguns exercícios resolvidos a seguir.

## Mostrar ou ocultar a Faixa de Opções

Assim como os aplicativos do Office (como o Word e o Excel), o *Explorador de Arquivos* também possui uma faixa de opções que pode ser mostrada ou ocultada. Na imagem a seguir, a *Faixa de Opções* está oculta.

**1.** Para exibi-la, clique com o botão direito sobre o menu do *Explorador de Arquivos*.

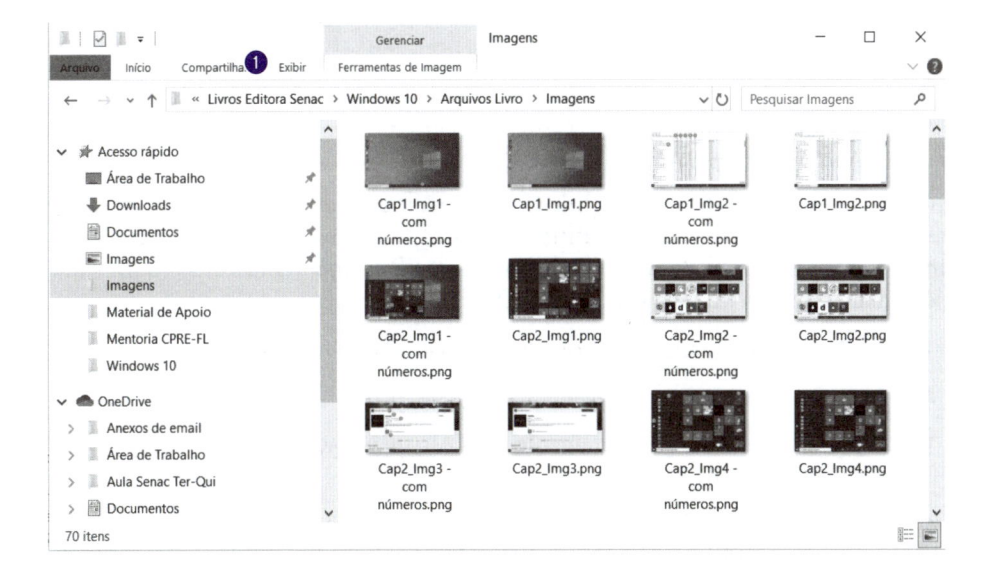

**2.** Na opção *Minimizar a Faixa de Opções*, clique para desmarcar.

**3.** Pronto, agora a *Faixa de Opções* estará aparente, como na figura a seguir:

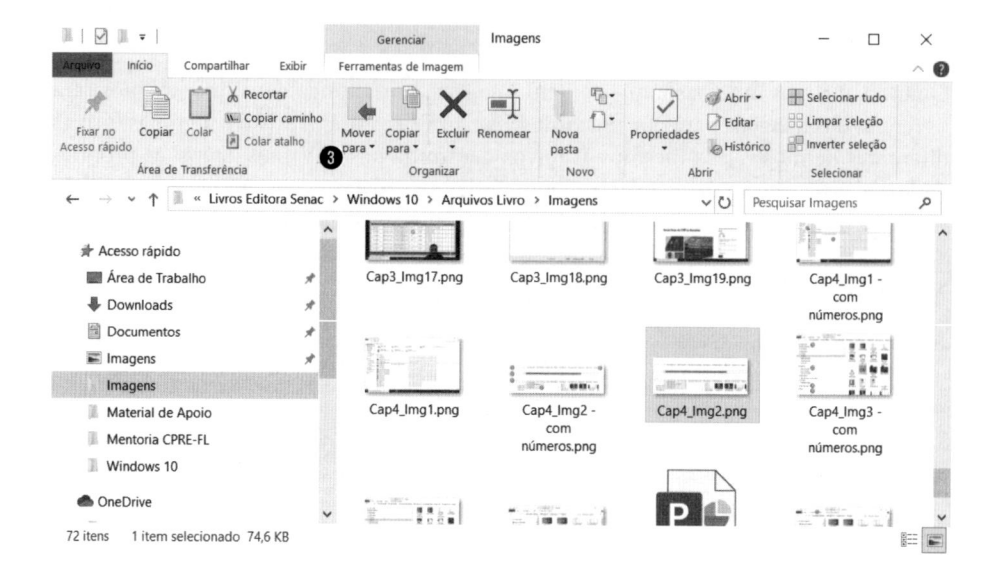

## Alterando a visualização dos arquivos na pasta

Agora que já estamos com a *Faixa de Opções* aparente, vamos ver algumas formas de alterar a visualização dos arquivos dentro da pasta. A visualização em forma de ícones é interessante para imagens, mas existem outros atributos importantes dos arquivos que só podem ser vistos em uma lista com detalhes.

1. Para alterar a visualização dos arquivos para *Detalhes*, clique no menu *Exibir*.

2. No grupo *Layout*, clique em *Detalhes*.

3. Também é possível clicar diretamente no botão de exibição de detalhes, no rodapé da janela do aplicativo.

4. Agora, não se vê mais as imagens como ícones, mas é possível ver outras informações sobre cada imagem, tais como *Data de Modificação*, *Tipo* e *Tamanho* do arquivo.

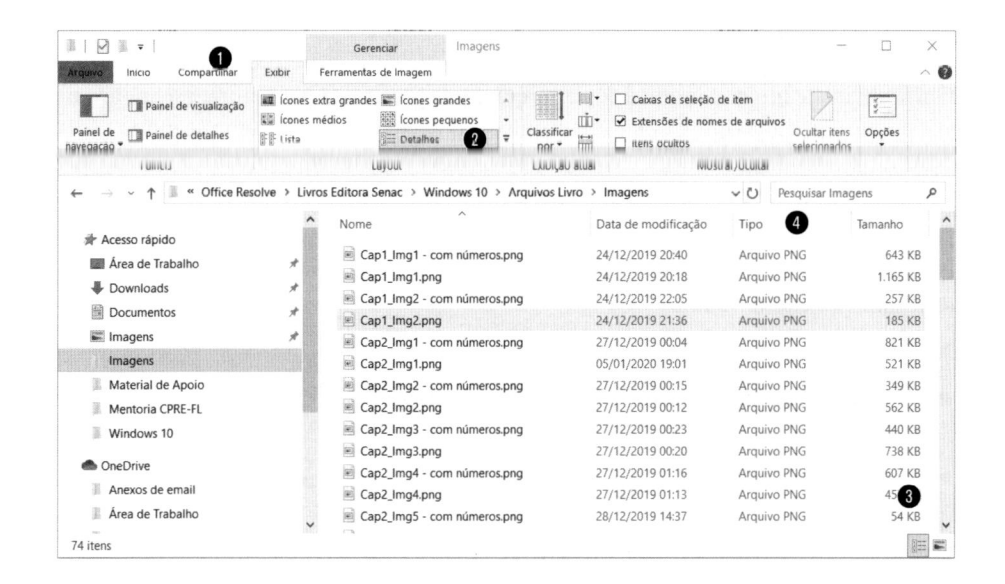

| | | | | | | | | | | — □ × |
|---|---|---|---|---|---|---|---|---|---|---|
| | | | | Gerenciar | Imagens | | | | | |
| Arquivo | Início | Compartilhar | Exibir | Ferramentas de Imagem | | | | | | ^ ❓ |

❶

| | ☐ Painel de visualização | 🔲 Ícones extra grandes | 🔲 Ícones grandes | | | ▦ ▾ | ☐ Caixas de seleção de item | | | |
|---|---|---|---|---|---|---|---|---|---|---|
| Painel de navegação ▾ | ☐ Painel de detalhes | 🔲 Ícones médios | 🔲 Ícones pequenos | | Classificar por ▾ | ▥ ▾ | ☑ Extensões de nomes de arquivos | Ocultar itens selecionados | Opções | |
| | | ▤▤ Lista | ☷ Detalhes ❷ | ᵥ | | | ☐ Itens ocultos | | | |
| Painéis | | Layout | | | Exibir atual | | Mostrar/Ocultar | | | |

← → ∨ ↑ « Office Resolve › Livros Editora Senac › Windows 10 › Arquivos Livro › Imagens    ∨ ↻   Pesquisar Imagens  ⌕

| | Nome ^ | Data de modificação | Tipo ❹ | Tamanho |
|---|---|---|---|---|
| ★ Acesso rápido | | | | |
| 🖥 Área de Trabalho 📌 | 🖼 Cap1_Img1 - com números.png | 24/12/2019 20:40 | Arquivo PNG | 643 KB |
| ⬇ Downloads 📌 | 🖼 Cap1_Img1.png | 24/12/2019 20:18 | Arquivo PNG | 1.165 KB |
| 📄 Documentos 📌 | 🖼 Cap1_Img2 - com números.png | 24/12/2019 22:05 | Arquivo PNG | 257 KB |
| 🖼 Imagens 📌 | 🖼 Cap1_Img2.png | 24/12/2019 21:36 | Arquivo PNG | 185 KB |
| Imagens | 🖼 Cap2_Img1 - com números.png | 27/12/2019 00:04 | Arquivo PNG | 821 KB |
| Material de Apoio | 🖼 Cap2_Img1.png | 05/01/2020 19:01 | Arquivo PNG | 521 KB |
| Mentoria CPRE-FL | 🖼 Cap2_Img2 - com números.png | 27/12/2019 00:15 | Arquivo PNG | 349 KB |
| Windows 10 | 🖼 Cap2_Img2.png | 27/12/2019 00:12 | Arquivo PNG | 562 KB |
| | 🖼 Cap2_Img3 - com números.png | 27/12/2019 00:23 | Arquivo PNG | 440 KB |
| ☁ OneDrive | 🖼 Cap2_Img3.png | 27/12/2019 00:20 | Arquivo PNG | 738 KB |
| Anexos de email | 🖼 Cap2_Img4 - com números.png | 27/12/2019 01:16 | Arquivo PNG | 607 KB |
| Área de Trabalho | 🖼 Cap2_Img4.png | 27/12/2019 01:13 | Arquivo PNG | 45❸ |
| 74 itens | 🖼 Cap2_Img5 - com números.png | 28/12/2019 14:37 | Arquivo PNG | 54 KB |

# Copiar, mover e excluir arquivos

Outra atividade muito comum é copiar arquivos de uma pasta para outra, excluir arquivos ou mesmo movê-los. Copiar um arquivo é o mesmo que criar uma segunda cópia do arquivo na mesma pasta ou em outra pasta, enquanto mover arquivos é o mesmo que retirar o arquivo da pasta onde está e colocá-lo em outra pasta.

O Windows 10 possibilita que essas tarefas sejam feitas de forma bem intuitiva, bastando clicar sobre o arquivo e arrastá-lo para a pasta desejada. Também é possível utilizar as seguintes teclas de atalho:

- *Ctrl + C* para copiar um arquivo;
- *Ctrl + X* para recortá-lo (retirá-lo da pasta atual, em vez de mantê-lo e fazer uma cópia); e
- *Ctrl + V* para colar a cópia ou arquivo recortado em outra pasta.

## CRIANDO UM BACKUP DAS IMAGENS

É sempre bom ter uma cópia de segurança de arquivos importantes, seja em uma pasta de um HD externo, pen drive ou mesmo no OneDrive (armazenamento em nuvem). Para isso, podemos usar o recurso de copiar arquivo.

1. Abra uma pasta de imagens no *Explorador de Arquivos* (neste exemplo, uso a pasta onde estão salvas as imagens usadas no livro).

2. Conecte um pen drive ao PC. Provavelmente, uma nova janela do *Explorador de Arquivos* se abrirá (caso não abra automaticamente, abra uma nova janela e localize o pen drive).

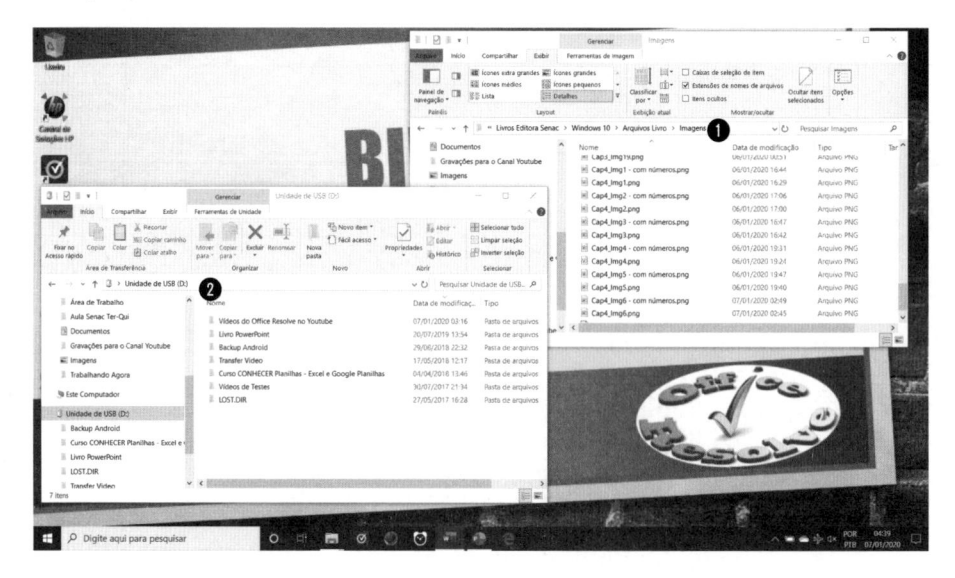

3. Na janela do pen drive, clique com o botão direito do mouse em uma área em branco.

4. Escolha a opção *Novo*.

5. Em seguida, escolha *Pasta*, para criar uma pasta no pen drive.

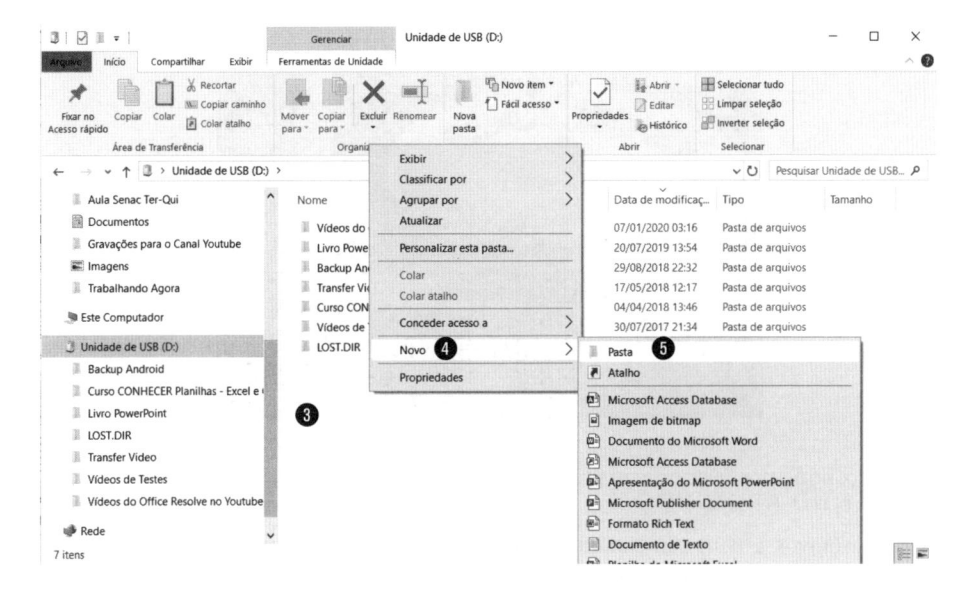

6. Renomeie a nova pasta como *Cópia de segurança* e tecle *Enter*.

7. Clique duas vezes sobre a pasta para abri-la.

Agora, existem várias formas para copiar os arquivos. Vamos demonstrar algumas delas:

8. Clique com o mouse sobre o arquivo que deseja copiar e em seguida arraste-o até a nova janela.

9. Clique com o botão direito do mouse sobre o arquivo que deseja copiar e escolha a opção *Copiar*. Em seguida, clique sobre a nova janela com o botão direito do mouse e escolha a opção *Colar*.

10. Clique com o mouse uma vez sobre o arquivo que deseja copiar, apenas para selecioná-lo. Em seguida, na faixa de opções do menu *Início* (no aplicativo *Explorador de Arquivos*) clique sobre a opção *Copiar para* e escolha a pasta na nova janela.

Se preferir, é possível usar essas mesmas opções para copiar a pasta inteira de uma única vez. Caso precise selecionar mais de um arquivo para copiar, basta clicar sobre o primeiro arquivo e, segurando a tecla *Shift*, clicar sobre o último arquivo que deve ser copiado.

11. Desconecte o pen drive com segurança e pronto! Temos uma cópia de segurança dos arquivos com as imagens.

> Para garantir o correto funcionamento do Windows 10, é altamente recomendado que o pen drive seja desconectado com segurança. Isso permite que o Windows libere todos os arquivos que estão sendo utilizados. Antes de solicitar a desconexão com segurança, feche todas as janelas abertas das pastas de arquivos que estejam salvas no pen drive.

## Movendo arquivos

Mover arquivos é bem semelhante a fazer cópias, porém o arquivo será apagado do local de origem e ficará disponível apenas no local para onde for copiado. Para mover um arquivo, o procedimento é o mesmo de se fazer uma cópia, bastando escolher a opção *Mover* em vez de *Copiar*, ou então segurar a tecla *Shift* ao arrastar o arquivo com o mouse.

## Excluindo arquivos

No Windows 10, existe uma pasta especial chamada *Lixeira*. Quando excluímos um arquivo, ele ficará na *Lixeira* até que utilizemos o comando *Limpar lixeira* para excluir de fato todos os arquivos que estiverem lá. Para excluir um arquivo, deve-se usar a tecla *Delete* após selecionar o arquivo.

Também é possível solicitar a exclusão imediata do arquivo sem passar pela *Lixeira*, usando as teclas *Shift + Delete*. Porém, isso não é muito recomendado. A pasta *Lixeira* existe porque, caso você se arrependa de excluir um arquivo, é possível recuperá-lo. Basta localizar a *Lixeira*, que costuma estar na *Área de Trabalho* e acessá-la. Esse acesso será feito pelo aplicativo *Explorador de Arquivos*, como em qualquer outra pasta comum. Porém, ao clicar com o botão direito do mouse sobre um arquivo, é possível utilizar a opção *Recuperar* para que o arquivo volte à pasta de origem.

# Anotações

# Anotações

# 5
# Ferramentas e configurações

**OBJETIVO**

» Conhecer as configurações do Windows 10

# Configurações

O Windows foi acumulando, ao longo do tempo, uma série de ferramentas que ajudam a manter o sistema funcionando corretamente. Durante muito tempo, o conjunto dessas ferramentas ficava disponível em um painel chamado Painel de Controle (os usuários mais antigos provavelmente continuam usando esse nome). No Windows 10, embora ainda exista o *Painel de Controle*, as principais ferramentas estão agrupadas em uma caixa de ferramentas chamada de *Configurações*, que contém versões mais novas de algumas ferramentas que estavam no antigo *Painel de Controle*, assim como a versão original de outras. Veremos a seguir as principais ferramentas da caixa *Configurações*.

É possível acessar uma configuração específica, como a de uma impressora, por exemplo, ou então acessar a caixa de *Configurações* com todas as opções, e então escolher a configuração que se quer ajustar. Há várias formas de acessar a caixa de *Configurações* do Windows 10:

- **pelo teclado**: pressione a tecla *Windows + I*;
- **pelo *Menu Iniciar***: No canto esquerdo, logo acima do botão *Ligar/Desligar*, há um botão de acesso às *Configurações*;
- **pela *Caixa de Pesquisa* (da *Barra de Tarefas*)**: digite *Configurações* e escolha a opção *Configurações Aplicativo*.

É importante lembrar que algumas configurações podem prejudicar o funcionamento do sistema, se não forem feitas corretamente. Procure conhecer antecipadamente o efeito de cada uma antes de ajustá-las.

# Sistema

Já vimos que o sistema operacional é responsável por todas as funções básicas que um computador executa, por isso é muito importante que o Windows 10 possua configurações para definir os parâmetros de funcionamento do sistema. Veremos a seguir algumas das configurações de sistema mais utilizadas no dia a dia.

## Configurações de Vídeo

As *Configurações de Vídeo* podem ser importantes para melhorar a forma como visualizamos as imagens no computador. É possível ajustar múltiplos monitores, o que pode ser bem interessante ao usar um notebook conectado a uma televisão ou a um projetor. Podemos escolher se a mesma imagem aparecerá nas duas telas (espelhar) ou se queremos apresentar uma imagem diferente em cada monitor (estender). Além disso, o ajuste de resolução faz com que o monitor apresente as imagens de acordo com o tamanho e a capacidade de resolução do monitor.

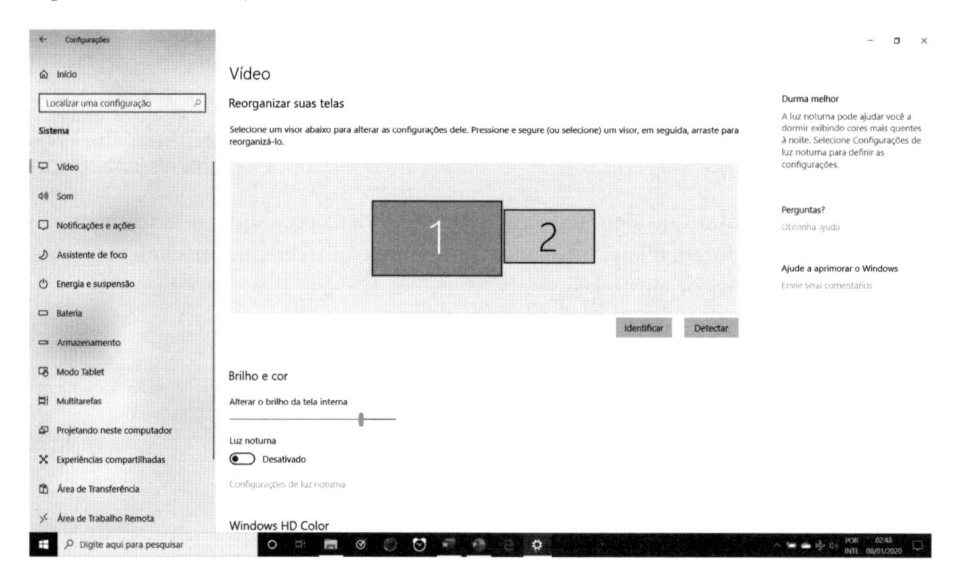

## Configurações de Som

As *Configurações de Som* ajudam a definir as opções de saída (caixas de som, fones de ouvido, etc.) e quais são as opções de entrada (microfone, headset, etc.). Também é possível testar o microfone e ajustar os sons-padrão de cada aplicativo.

## Energia e suspensão e Bateria

Principalmente quando estivermos usando um notebook, pode ser interessante configurar quanto tempo o sistema pode ficar inativo antes de desligar o monitor (uma das partes que mais gasta energia) e depois de quanto tempo o sistema deve entrar em modo de suspensão. Em relação às *Configurações de Bateria*, dependendo do tipo de PC que estiver em uso (como um desktop, por exemplo), essa opção pode não estar disponível, pois não há necessidade de uma configuração diferente.

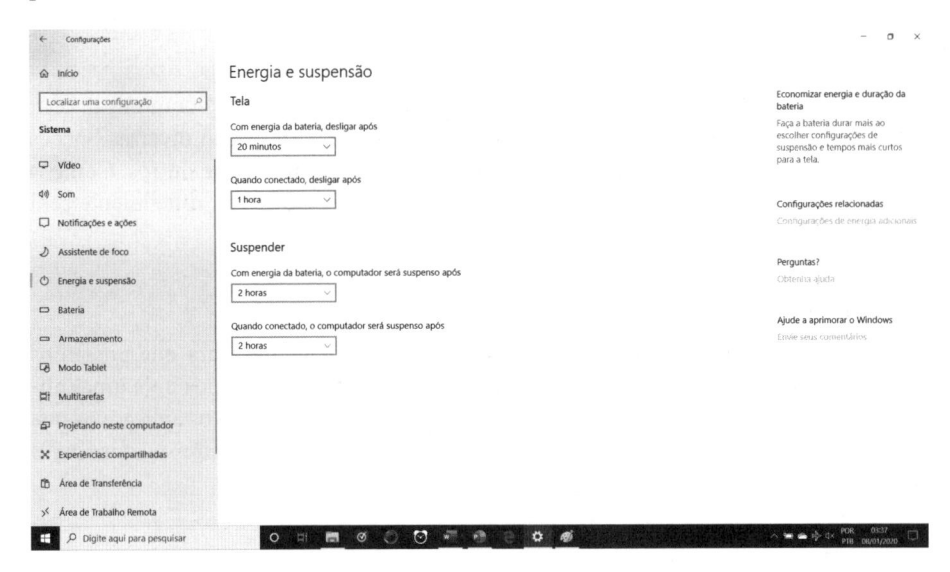

## Armazenamento

Assim como nos smartphones, é recomendável monitorar o uso das unidades de armazenamento e fazer uma limpeza periódica para manter o sistema em bom funcionamento. As *Configurações de Armazenamento* permitem utilizar o sensor de armazenamento para liberar espaço automaticamente. Pode ser interessante utilizar esse recurso, caso o usuário não tenha o hábito de executar limpezas periódicas nas unidades de armazenamento.

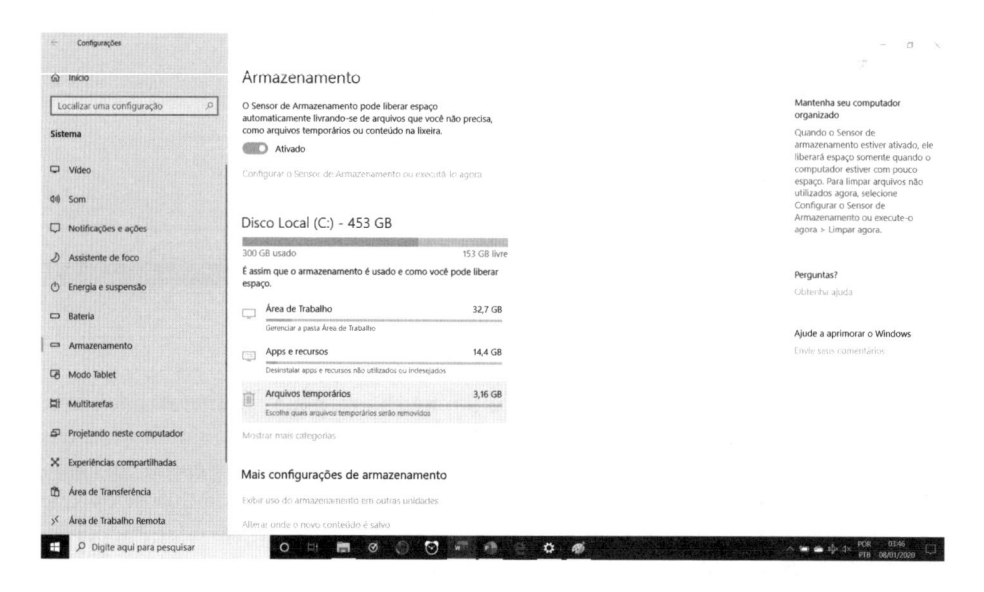

## Dispositivos

Todos os dispositivos que conectamos ao computador precisam se comunicar com o PC através do sistema operacional. Por isso, o Windows 10 possui diversas opções para configurar dispositivos como impressoras, mouse, teclado, entre outros. Como o Windows gerencia automaticamente a conexão com os dispositivos, dificilmente será necessário fazer qualquer alteração nessas configurações.

## Telefone

O Windows 10 também pode se conectar ao nosso smartphone, para que possamos enviar um SMS ou visualizar fotos, por exemplo. Contudo, como temos hoje uma infinidade de ferramentas para esse tipo de conexão, como por exemplo os aplicativos que usamos tanto no smartphone quanto em nosso PC, essa conexão com telefone nem sempre é usada.

## Rede e Internet

Hoje em dia, é quase impossível usar um computador sem conexão com a internet, pois muitas das funções que desempenhamos requerem conexão a um aplicativo ou a um serviço na web. Nas *Configurações de Rede e Internet*, é possível configurar os detalhes de como nosso computador acessa a web ou uma rede local.

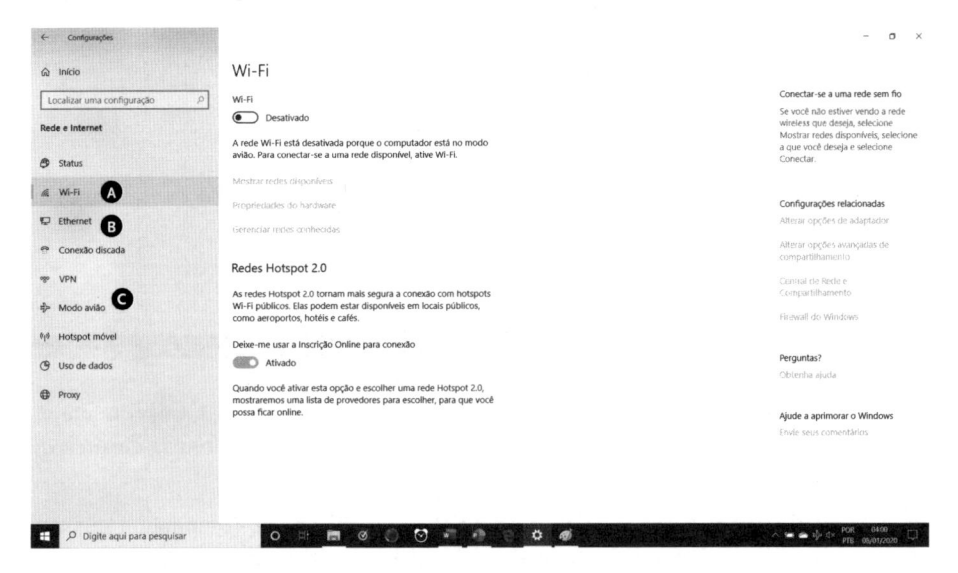

- **A. Wi-Fi**: nessa opção, podemos configurar as redes sem fio que nosso computador irá acessar. Normalmente, o acesso à internet em nossas casas é feito através de um roteador sem fio, e pode ser necessária uma configuração inicial para acessá-lo.
- **B. Ethernet**: quando conectamos um cabo de rede ao PC, usamos uma rede ethernet. Algumas configurações desse tipo podem nos ajudar a conectar com outros computadores ou ter acesso a uma rede local.
- **C. Modo avião**: o modo avião corta todas as conexões do PC de uma só vez. Também podemos ajustar algumas conexões que serão permitidas durante o *Modo avião*.

## Personalização

No Capítulo 2, quando configuramos a *Tela de Fundo* do Windows, usamos as *Configurações de Personalização*. Veremos a seguir algumas outras possibilidades de personalização do Windows 10.

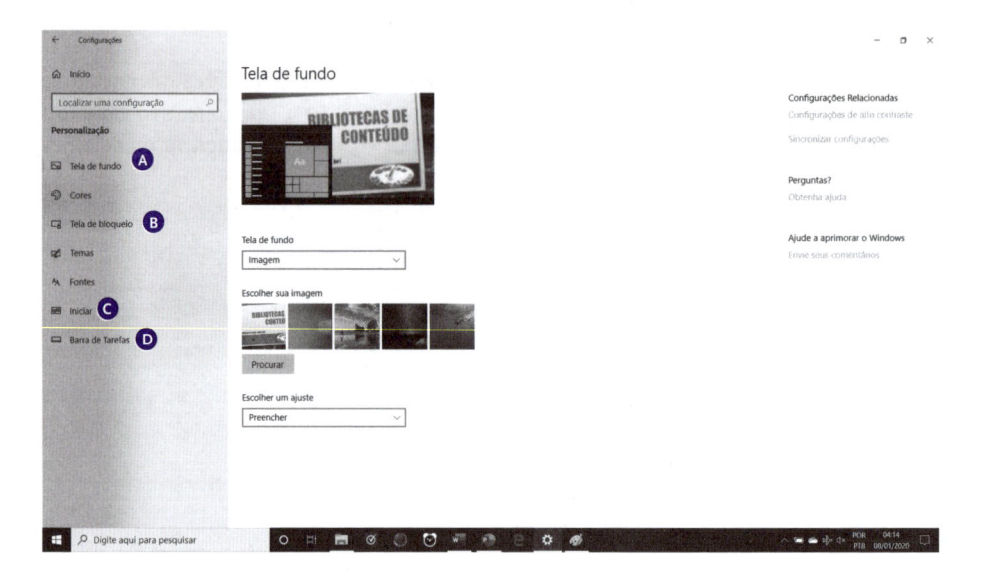

**A. Tela de Fundo**: Essa é a mesma opção que usamos no Capítulo 2, quando alteramos a *Tela de Fundo*. Essas configurações ajudam a mudar a aparência da *Área de Trabalho*.

**B. Tela de Bloqueio**: A *Tela de Bloqueio* configura a aparência do computador quando ele estiver bloqueado. É possível personalizar não só a tela que aparecerá quando o computador estiver bloqueado, mas também algumas opções adicionais de bloqueio.

**C. Menu Iniciar**: A aparência e as opções de comportamento do *Menu Iniciar* podem ser alteradas para facilitar o trabalho no dia a dia.

**D. Barra de Tarefas**: Aqui estão disponíveis as mesmas opções que aparecem quando clicamos com o botão direito na *Barra de Tarefas*. É possível fazer várias personalizações para melhorar a nossa produtividade diária.

## Aplicativos

Como o Windows possui uma quantidade muito grande de aplicativos compatíveis, pode ser interessante fazer algumas configurações para ajudar a integrar os aplicativos com o funcionamento do sistema operacional.

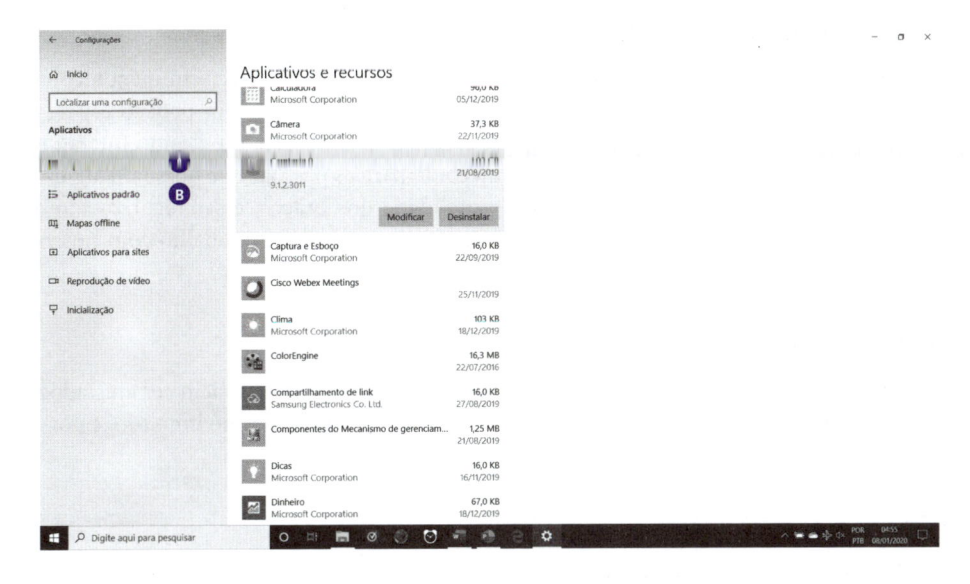

A. **Aplicativos e recursos**: permite modificar os parâmetros de um aplicativo, assim como desinstalá-lo.

B. **Aplicativos-padrão**: algumas tarefas específicas do Windows 10 são executadas por um aplicativo-padrão, como edição de imagens, leitura de e-mails, navegação pela web, entre outros. É possível alterar os aplicativos-padrão para cada atividade.

## Contas

As *Configurações de Contas* possibilitam alterar a maneira como o Windows 10 interage com as contas de e-mail ou mesmo com a conta da Microsoft. Algumas opções de integração, ou *Controle para Pais*, também podem ser acessadas por essa opção.

## Hora e Idioma

Muitos aplicativos utilizam informações como a data e a hora do sistema. Por isso, é muito importante que o sistema esteja ajustado. Nessa opção, podemos alterar hora, formato da data, região, idioma, entre outros.

## Jogos

Além das configurações de integração com o Xbox, que é o console da Microsoft, essa opção permite fazer algumas alterações na forma como o computador reage aos jogos.

## Facilidade de Acesso

O Windows 10 oferece muitas opções para ajudar pessoas que precisem de soluções de acessibilidade, como aumentar o tamanho da fonte, aumentar um pedaço específico da tela, receber informações da tela em formato de narração, ou mesmo interagir com o computador pela fala. Idealmente concebido para as pessoas que possuam algum grau de deficiência na visão, audição ou mobilidade dos braços, esses recursos também podem ser usados unicamente para trazer mais conforto no trabalho com nosso computador.

## Pesquisar

Alguns parâmetros de pesquisa e de armazenamento de histórico podem ser ajustados nessa opção. Caso precise consultar o histórico de pesquisa ou mesmo limpá-lo, é possível fazer por aqui.

## Cortana

Assim como nos smartphones mais modernos, o Windows 10 também possui uma assistente de produtividade, chamada Cortana. Essa assistente pode ajudar com tarefas simples, como incluir um apontamento na agenda ou fazer uma pesquisa na internet. Porém, seu funcionamento na língua portuguesa ainda não é tão bom quanto na língua original do aplicativo (o inglês).

## Privacidade

Para alterar as opções de privacidade do computador, como a utilização da câmera e do microfone, podemos utilizar essa opção. As permissões que os aplicativos têm para executar tarefas no sistema operacional também podem ser ajustadas por aqui.

## Atualização e segurança

O Windows 10 possui um serviço de atualizações frequentes para correção de problemas e inclusão de melhorias e novas funcionalidades. É muito recomendado manter o sistema totalmente atualizado. Por isso, veremos a seguir algumas opções para configurar as atualizações de sistema e as opções de segurança.

### Windows Update

O *Windows Update* é o serviço de atualizações do Windows que visa manter o sistema atualizado. Nessa opção, podemos definir uma pausa nas atualizações, verificar se há atualizações pendentes, alterar o horário das atualizações e exibir o histórico de atualizações.

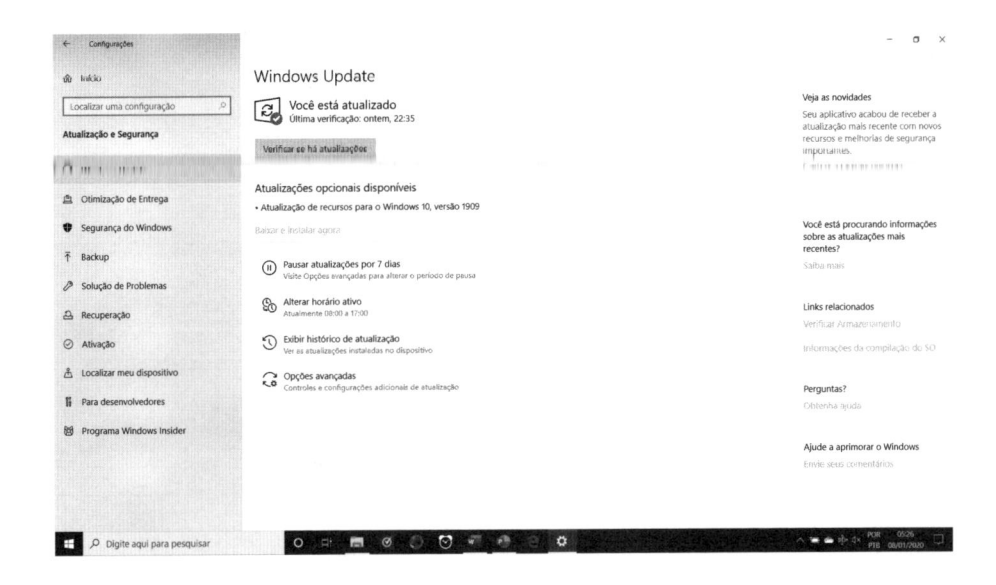

## Segurança do Windows

Uma das tarefas que evoluiu muito no Windows 10 são as *Configurações de Segurança*. O sistema possui até mesmo um antivírus próprio e gratuito, o Windows Defender, que dispensa os usuários da necessidade de contratar um serviço externo para esse fim.

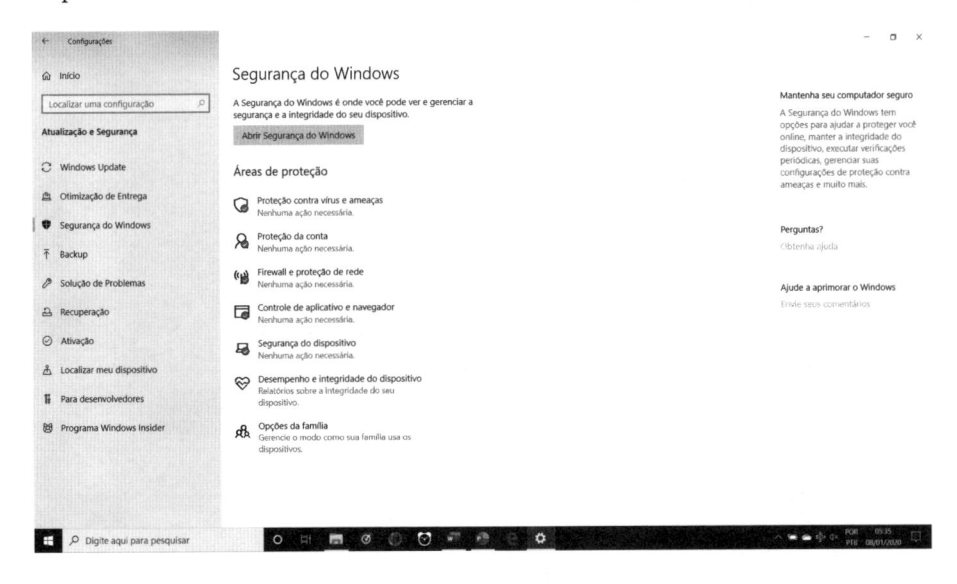

# Anotações

# Anotações

# Anotações

# 6
# Recursos avançados

OBJETIVOS

» Conhecer atalhos úteis

» Imprimir em PDF

» Sincronizar com o OneDrive

» Configurar contas

» Criar múltiplas áreas de trabalho

» Captura de imagens

» Atualização de driver

# O que são recursos avançados?

Como vimos nos capítulos anteriores, o Windows 10 possibilita, além das funções básicas de um sistema operacional, o uso de outras ferramentas e aplicativos que nos ajudam com as tarefas do dia a dia. Neste capítulo, veremos alguns recursos que não são usados em todos os momentos, mas que podem ajudar muito em nossa produtividade, dependendo da tarefa que precisamos realizar.

# Principais atalhos do Windows 10

Conhecer as teclas de atalho, que permitem acessar diretamente um determinado recurso, costuma ser um grande acelerador de produtividade. Não pense nesses itens como algo que você deva decorar e usar a todo momento: escolha aqueles que são mais relevantes para seu uso do Windows 10 e procure incorporá-los no seu dia a dia.

### TECLA *WINDOWS*

- *Windows + D*: Exibir e ocultar a *Área de Trabalho*.
- *Windows + E*: Abrir o *Explorador de Arquivos*.
- *Windows + I*: Abrir as *Configurações*.
- *Windows + L*: Bloquear o computador.
- *Windows + M*: Minimizar todas as janelas.
- *Windows + Shift + M*: Restaurar janelas minimizadas.
- *Windows + Shift + S*: Fazer captura da tela ou de parte da tela.
- *Windows + seta para cima*: Maximizar a janela.
- *Windows + seta para baixo*: Remover o aplicativo atual da tela ou minimizar a janela da *Área de Trabalho*.
- *Windows + seta para a esquerda*: Maximizar a janela do aplicativo ou da *Área de Trabalho*, no lado esquerdo da tela.
- *Windows + seta para a direita*: Maximizar a janela do aplicativo ou da *Área de Trabalho*, no lado direito da tela.

### COPIAR E COLAR

- *Ctrl + X*: Recortar o item selecionado.
- *Ctrl + C* (ou *Ctrl + INSERT*): Copiar o item selecionado.
- *Ctrl + V* (ou *Shift + INSERT*): Colar o item selecionado.

## Comandos de janelas

- *Alt + Tab*: Alternar entre os aplicativos abertos.
- *Alt + F4*: Sair do aplicativo ativo.
- *Alt + Enter*: Exibir as propriedades do item selecionado.
- *Alt + Barra de espaço*: Abrir o menu de atalho da janela ativa.
- *Ctrl + Esc*: Abrir o *Menu Iniciar*.
- *Ctrl + Shift + Esc*: Abrir o *Gerenciador de Tarefas*.
- *Shift + F10*: Exibir o menu de atalho do item selecionado.
- *Shift + Delete*: Excluir o item selecionado sem movê-lo para a *Lixeira* primeiro.

# Usar a impressora *Microsoft Print to PDF*

Embora alguns aplicativos como o Microsoft Word, por exemplo, já tenham a opção de gravar arquivos em formato PDF, o Windows 10 tem a opção de se usar uma impressora específica chamada *Microsoft print to PDF*, que funciona como uma impressora normal, porém gerando a saída no formato PDF. Você poderá escolher em qual pasta deseja que o arquivo PDF seja gravado.

# Sincronizar com o OneDrive

O Windows 10 oferece a opção de trabalhar com armazenamento em nuvem, através do OneDrive, como se estivéssemos trabalhando localmente. O *Explorador de Arquivos* acessará as pastas e permitirá que façamos alterações nos arquivos, mesmo quando não estivermos conectados à internet. Para isso, devemos ter certeza de que o OneDrive esteja sincronizado. Vamos verificar o passo a passo para garantir a sincronização das pastas com o OneDrive.

1. Na *Barra de Tarefas*, procure o ícone do OneDrive na área de notificações.
2. Clique com o botão direito sobre o ícone e acesse a opção *Configurações*.

3. Na aba *Configurações*, verifique se a opção *Iniciar o OneDrive automaticamente quando eu entrar no Windows* está marcada.

4. Na aba *Conta*, certifique-se de que a conta da Microsoft correta está logada.

5. Caso não esteja, clique em *Adicionar Conta*.

6. Em seguida, clique em *Pastas* para escolher as pastas que devem ser sincronizadas.

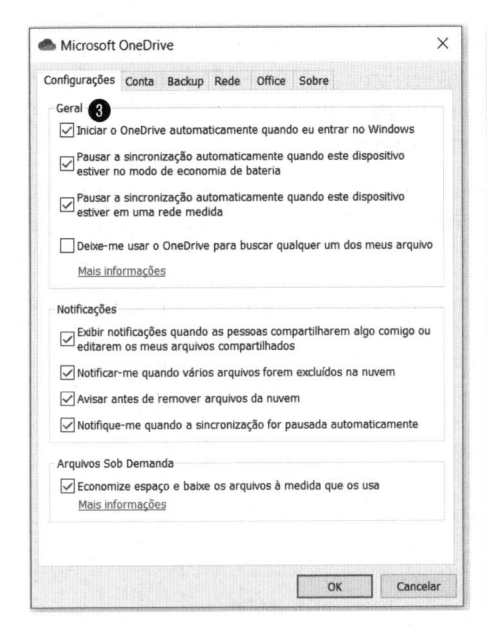

7. Na caixa de diálogo *Escolher Pastas*, marque as pastas que deseja sincronizar. Evite sincronizar pastas que não sejam importantes (lembre-se de que sincronizar pastas desnecessárias consumirá recursos do computador, tais como memória, banda de rede (internet) e processamento).

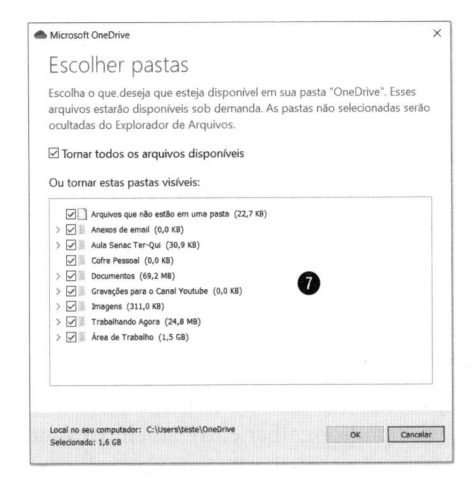

Pronto! Agora as pastas selecionadas podem ser acessadas pela nuvem ou pelo computador. Alterações feitas enquanto o PC estiver desconectado serão atualizadas assim que houver uma conexão disponível.

## Configurar uma conta de usuário

Desde o primeiro uso, o Windows 10 é configurado para, preferencialmente, ser acessado por um usuário que possua também uma conta da Microsoft (semelhante a uma conta do Google), que permite acessar todos os serviços da Microsoft, como OneDrive, Office 365, Office Online e o próprio Windows 10, para que todos os serviços disponíveis em sua conta fiquem sincronizados automaticamente.

Em algum momento, pode ser interessante adicionar outra conta para acessar o PC, para que cada usuário tenha sua própria sincronização. Vamos ver o passo a passo para criar um segundo usuário para o PC.

1. Acesse as *Configurações* do Windows 10 pressionando a tecla *Windows + I* e escolha a opção *Contas*.

Configurações

Configurações do Windows

Localizar uma configuração

Sistema
Tela, som, notificações, energia

Dispositivos
Bluetooth, impressoras, mouse

Telefone
Vincular seu Android, iPhone

Rede e Internet
Wi-Fi, modo avião, VPN

Personalização
Tela de Fundo, tela de bloqueio, cores

Aplicativos
Desinstalar, padrões, recursos opcionais

Contas ①
Suas contas, email, sincronização, trabalho, família

Hora e Idioma
Fala, região, data

Jogos
Barra de jogo, capturas, transmissões, Modo de Jogo

Facilidade de Acesso
Narrador, lupa, alto contraste

Pesquisar
Localizar meus arquivos, permissões

Cortana
Idioma, permissões, notificações da Cortana

Privacidade
Localização, câmera, microfone

Atualização e Segurança
Windows Update, recuperação, backup

2. Nas informações de *Contas*, acesse *Família e outros usuários*.

3. Escolha se quer *Adicionar um membro da família* ou *Adicionar outra pessoa a este PC*. Ao adicionar um membro da família, você pode escolher entre adicionar uma criança ou um adulto. Ao adicionar uma criança, é possível utilizar o *Controle para*

*pais* para ter acesso aos relatórios de atividades da criança e limitar algumas funcionalidades ou o acesso a determinados aplicativos. Nessa opção, também será criado um grupo familiar que permite compartilhar itens como pastas ou arquivos de forma mais fácil. A opção adicionar outros usuários serve para criar usuários que farão uso independente do PC, mas não acessarão nenhuma pasta, arquivos ou informações que sejam usados pelo usuário-padrão.

4. Para este exercício, clique em *Adicionar outra pessoa a este PC*.

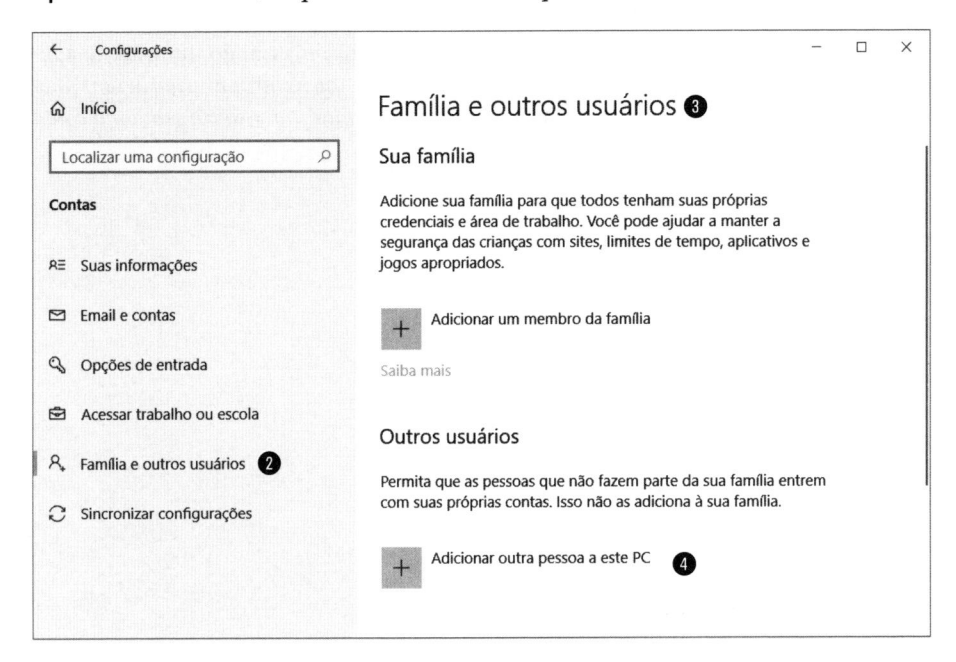

5. Agora, basta inserir a *Conta da Microsoft* (o endereço de e-mail associado à conta de serviços da Microsoft).

6. Caso a pessoa não tenha uma *Conta da Microsoft* ainda, clique em *Não tenho as informações de entrada dessa pessoa*. Para este exercício, clique nessa opção.

7. É possível criar rapidamente uma *Conta da Microsoft*. Caso tenha um e-mail da Microsoft que use normalmente e queira adicioná-lo, basta preencher o e-mail e seguir os passos de confirmação.

8. É possível criar a conta usando um número de telefone. Para isso, basta acessar a opção *Usar um número de telefone*.

9. Se precisar criar um e-mail, pode fazer isso no Outlook.com (webmail gratuito da Microsoft) acessando a opção *Obter novo endereço de e-mail*.

10. Há também a opção de não usar uma *Conta da Microsoft*, criando um usuário apenas para uso no PC. Para isso, basta clicar na opção *Adicionar um usuário sem uma Conta Microsoft*. Para este exercício, clique em *Adicionar um usuário sem uma conta da Microsoft*.

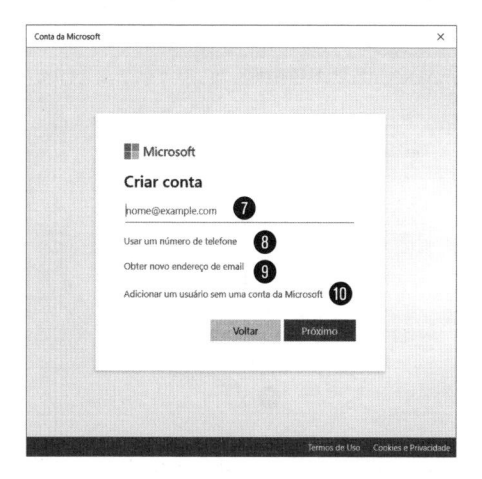

11. Na janela que se abre, crie um nome de usuário.

12. Em seguida, defina uma senha.

13. Depois, defina e responda às perguntas de segurança, que servem para recuperar a senha posteriormente, caso você esqueça.

14. Por fim, clique em *Avançar*.

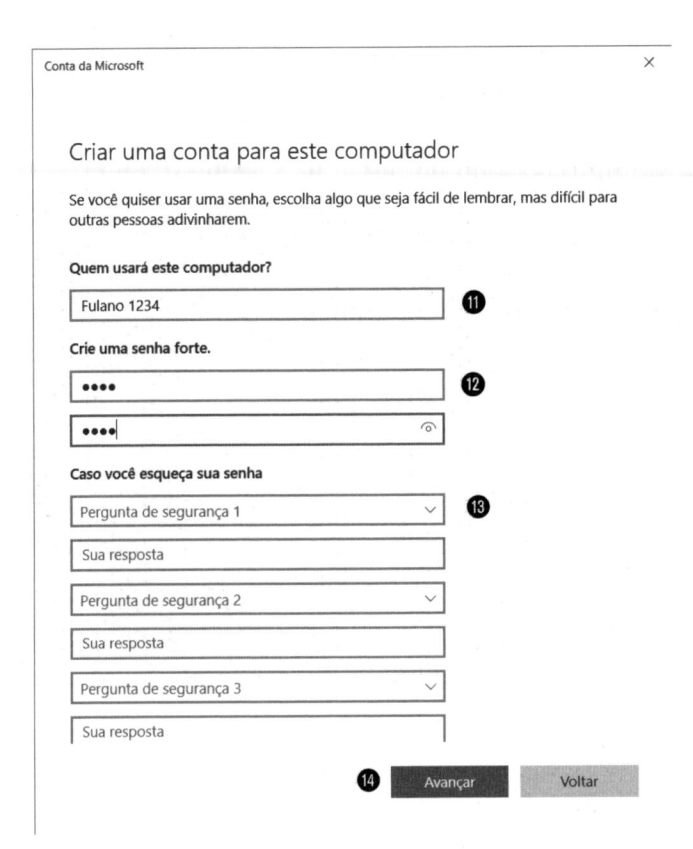

Pronto! Agora, na tela de entrada estará disponível também o login para o novo usuário.

## Criar múltiplas *Áreas de Trabalho*

Lembre-se de que a *Área de Trabalho* também é uma pasta que armazena todos os arquivos que salvamos nela. Pois bem, outra forma de duas ou mais pessoas usarem o PC é criar *Áreas de Trabalho* diferentes. Essa separação será bem menos completa do que a criação de um segundo usuário, então pense bem antes de optar por essa solução. Além disso, essa opção também pode ser usada se você mesmo quiser ter *Áreas de Trabalho* separadas para cada tarefa, por exemplo, reservando uma para as atividades pessoais e outra para as atividades profissionais.

Pense na *Área de Trabalho* como uma bancada onde estão as ferramentas que você usará para uma tarefa. Se for interessante ter arrumações diferentes para tarefas muito específicas, pode ser interessante criar áreas específicas. Somente lembre-se de tomar cuidado, porque muitas *Áreas de Trabalho* ou muitos itens em uma *Área de Trabalho* podem deixar o PC mais lento.

1. A primeira maneira é pressionar a tecla *Windows + Tab*. Aparecerá uma tela parecida com a da imagem a seguir, mostrando o que está sendo usado na *Área de Trabalho* e, no alto, à esquerda, a opção *Nova área de trabalho*.

A segunda maneira é usar as teclas *Ctrl + Windows + D* para criar uma *Área de Trabalho* diretamente. Porém, cuidado. A nova área estará configurada como a atual, e pode parecer que nada aconteceu. Para alternar entre as *Áreas de Trabalho*, use as teclas *Windows + Tab*.

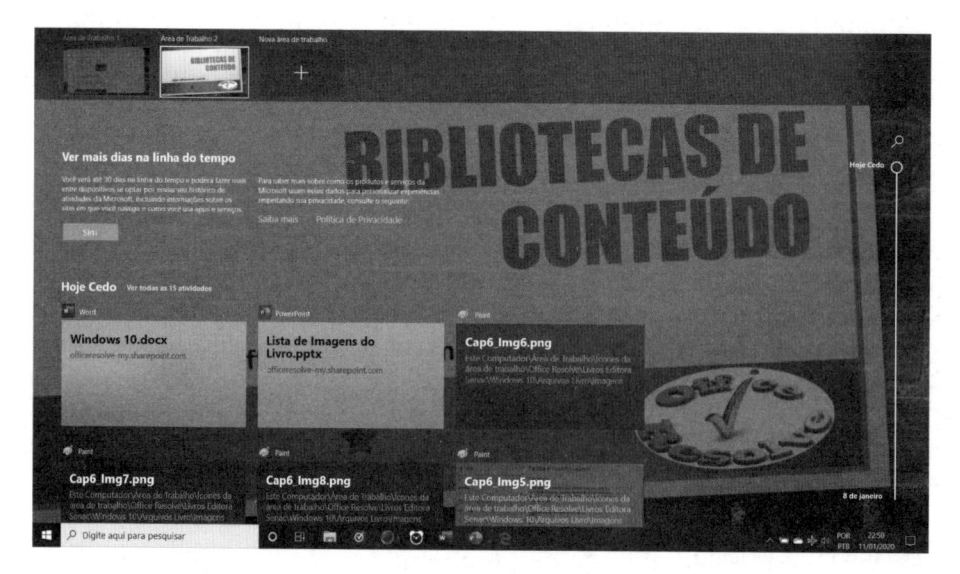

## Ferramenta de Captura de Imagem

Para facilitar a captura de imagens, o Windows tem a *Ferramenta de Captura de Imagem*, que pode ser facilmente acessada com as teclas *Windows + Shift + S*. A tela ficará escurecida. Clicando e arrastando a seleção, é possível copiar a tela ou parte dela para a Área de Transferência automaticamente. Em seguida, use o aplicativo de sua preferência para colar a imagem (na dúvida, use o Paint 3D. Basta abrir o aplicativo e teclar *Ctrl + V*).

## Atualizando o driver de um dispositivo

Como mencionamos anteriormente, os drivers são como pequenos aplicativos que servem para controlar um dispositivo específico (como, por exemplo, um mouse ou um monitor). Cada tipo de dispositivo, de cada fabricante, possui seu driver específico. Assim, algumas vezes um dispositivo pode não funcionar corretamente, ou deixar de desempenhar todas as tarefas, por trabalhar com o driver incorreto.

Na maioria das vezes, ou Windows 10 é capaz de atualizar automaticamente os drivers de cada novo dispositivo conectado ao PC. Quando ocorrer alguma exceção, use o passo a passo a seguir para atualizar o driver de um dispositivo.

1. Na *Caixa de Pesquisa* da *Barra de Ferramentas*, digite *Gerenciador de Dispositivos*.
2. Acesse a ferramenta *Gerenciador de Dispositivos* que está no *Painel de Controle*.
3. Localize o grupo do dispositivo de que deseja atualizar o driver (neste caso, como exemplo, vamos atualizar o driver de uma câmera conectada ao PC).
4. Clique na seta do lado esquerdo do grupo *Câmeras* para abrir os dispositivos disponíveis.

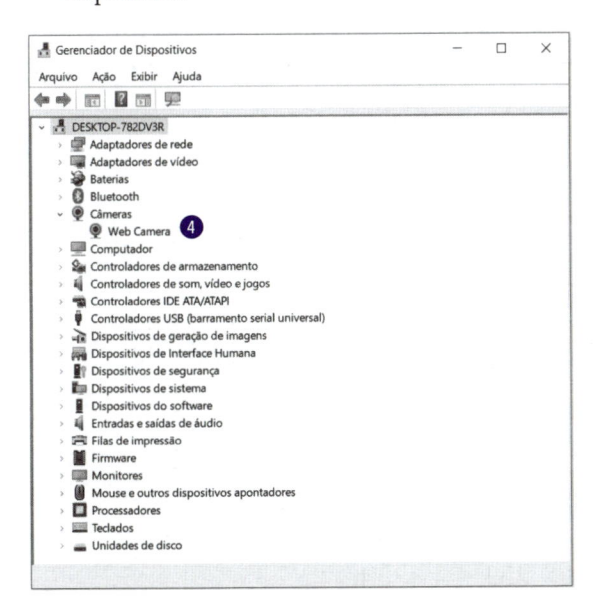

**5.** Clique com o botão direito sobre o dispositivo desejado (neste caso, *Web Camera*).

**6.** Clique sobre a opção *Atualizar driver*.

**7.** É possível deixar o Windows 10 tentar localizar o melhor driver para o dispositivo (essa é a opção recomendada, pois inclui pesquisa na internet, sendo necessário ter uma conexão ativa).

**8.** Outra possibilidade é escolher um driver específico em uma pasta.

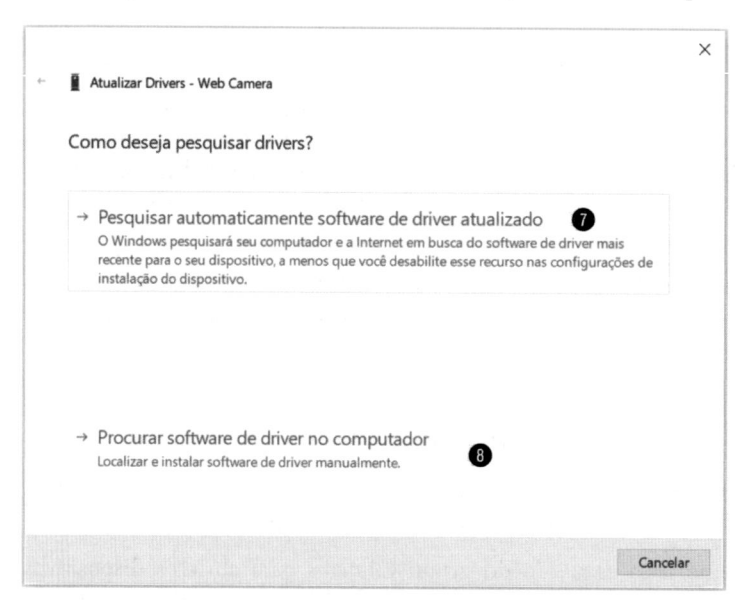

**9.** Para esse exercício, deixe o Windows localizar o driver mais adequado. Caso o sistema encontre um driver mais atual, o Windows 10 irá avisar e pedir autorização para instalá-lo. Aceite a instalação e pronto!

# Anotações

# Anotações

# 7
# Exercícios propostos

OBJETIVO
» Aplicar tudo o que aprendemos até agora

# Praticando no Windows 10

Neste capítulo, teremos a oportunidade de exercitar tudo o que aprendemos até agora, por meio de vários exercícios propostos que podem ser resolvidos com os conhecimentos adquiridos nos seis primeiros capítulos.

## Menu Iniciar na tela inteira

Configure o *Menu Iniciar* para que, ao ser acionado, cubra a tela toda, como a figura a seguir.

> Dica: Use a opção *Personalização*, nas *Configurações* do Windows 10.

## Organize as janelas

Organize automaticamente as janelas na *Área de Trabalho* lado a lado, como na figura.

> Dica: Use as opções de configuração na *Barra de Ferramentas*.

## Mudando o aplicativo-padrão

Altere o aplicativo-padrão de visualização de fotos para o Paint 3D. Ao clicar em uma imagem, o aplicativo deve abrir automaticamente.

> Dica: Use as *Configurações de Aplicativos*.

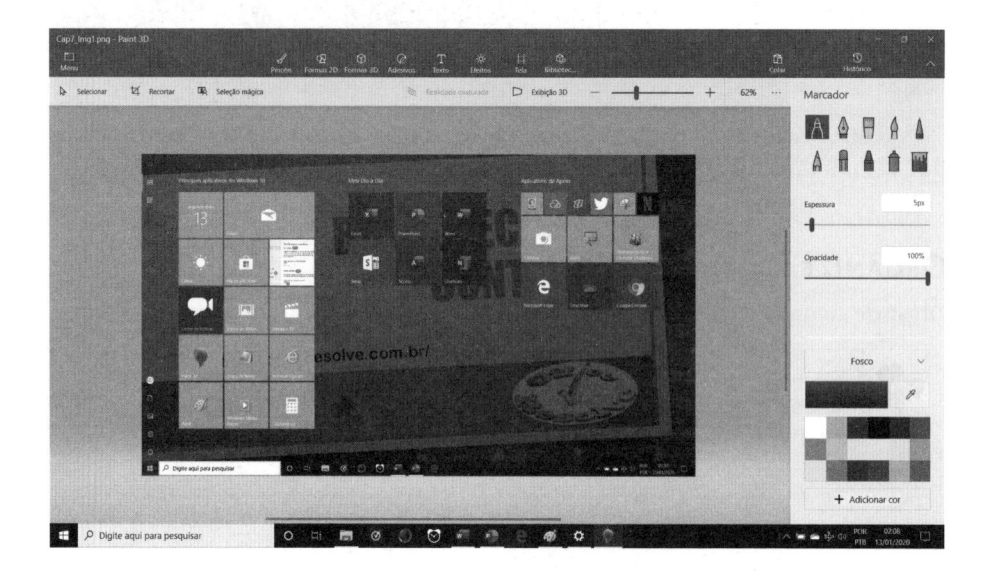

## Crie um álbum com telas capturadas

Capture cinco telas da sua *Área de Trabalho* e salve-as em uma pasta chamada *Meu exercício de Windows 10*.

> Dicas: Crie a pasta primeiro, use a *Ferramenta de Captura* e cole as imagens no aplicativo Paint 3D para salvá-las.

## Mostre os detalhes das imagens

Use a pasta *Meu exercício de Windows 10*, criada no exercício anterior, para organizar os arquivos por tamanho e visualizar todos os detalhes dos arquivos.

> Dicas: Use o aplicativo *Explorador de Arquivos*. Não esqueça de ordenar as imagens por *Tamanho*, como na figura a seguir.

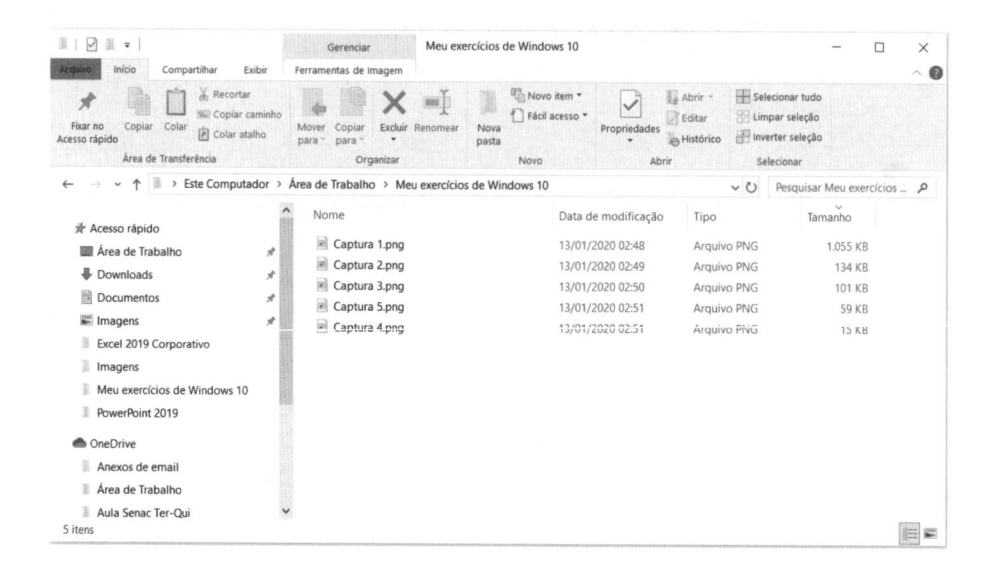

Muito bem! Chegamos ao fim do livro. Agora, continue praticando os conhecimentos obtidos e aprendendo novas habilidades para se tornar um usuário cada vez melhor do Windows 10.

# Anotações

# Anotações

## Sobre o autor

Roberto Sabino é pós-graduado em mercados financeiros pela Universidade Presbiteriana Mackenzie de São Paulo e graduado em tecnologia em processamento de dados pela Faculdade de Tecnologia (Fatec) de São Paulo. É consultor, professor e conteudista especializado em Office e VBA no portal Office Resolve (https://officeresolve.com.br). Tem ampla vivência em projetos de desenvolvimento de sistemas com diversas linguagens, incluindo automações com VBA. Atuou como gestor de projetos, analista de negócios e engenheiro de software em instituições financeiras de grande porte. É entusiasta do uso dos recursos do Microsoft Office como aceleradores de produtividade. Sempre teve na docência uma paixão, atuando como professor em diversas instituições de ensino. Tem como hobby inventar novas ferramentas automatizadas com VBA. É autor dos livros *PowerPoint 2019* e *Excel básico para o mundo do trabalho*, ambos da Editora Senac São Paulo.

# Índice geral

Acessando a loja de aplicativos  25
Adicionar imagens de uma pasta  44
Ajustar algumas configurações da Barra de Tarefas  35
Alterando a visualização dos arquivos na pasta  66
Aplicativos  80
Apresentação  7
Armazenamento  78
Arquivos Recentes  64
Atualização e segurança  82
Atualizando o driver de um dispositivo  97
Barra de Endereços  62
Barra de Tarefas  28
Bloco de Notas  54
Caixa de Pesquisa  64
Calendário  42
Calendário, Email e Contatos  42
Comandos de janelas  90
Configurações  75
Configurações de Som  76
Configurações de Vídeo  76
Configurando o Windows 10  15
Configurar uma conta de usuário  92
Contas  81
Contatos  43
Copiar e colar  89
Copiar, mover e excluir arquivos  68
Cortana  82
Criando um backup das imagens  68
Criar múltiplas Áreas de Trabalho  95
Crie um álbum com telas capturadas  105
Desligando o Windows 10  19
Dispositivos  78
Editar e aplicar efeitos em imagens e fotos  48
Editor de Vídeos  52
Email  42
Encontrando aplicativos no seu computador  27
Energia e suspensão e Bateria  77
Estrutura do livro  9
Excluindo arquivos  70
Exercícios de reforço  35
Exercícios propostos (Capítulo 7)  101
Exercícios resolvidos passo a passo  31
Explorador de Arquivos  61

Facilidade de Acesso  82
Ferramenta de Captura de Imagem  97
Ferramentas e configurações (Capítulo 5)  73
Fotos  44
Funcionamento básico do computador  13
Funcionamento básico do Windows 10  25
Funcionamento e recursos básicos (Capítulo 2)  23
Gerenciador de Tarefas  16
Gerenciar arquivos e pastas  61
Hora e Idioma  81
Ícones da Área de Trabalho  29
Imagens e vídeo  44
Inicializando o sistema  19
Jogos  81
Ligando e desligando corretamente o Windows  19
Lista de Pastas  62
Menu Iniciar  27
Menu Iniciar na tela inteira  103
Microsoft Edge  54
Mostrar ou ocultar a Faixa de Opções  65
Mostre os detalhes das imagens  105
Movendo arquivos  70
Mudando o aplicativo-padrão  104
Muito prazer, sou o Windows 10!  15
O que é a Série Informática  9
O que é um sistema operacional  13
O que são recursos avançados?  89
Organize as janelas  103
Outros aplicativos  56
Paint 3D  51
Para que serve um sistema operacional (Capítulo 1)  11
Pastas Frequentes  64
Personalização  79
Personalizando a Área de Trabalho  32
Personalizando a Barra de Tarefas  33
Personalizando o Menu Iniciar  31
Pesquisar  82
Por que usar um sistema operacional  16
Praticando no Windows 10  103
Preparar o trabalho do próximo capítulo  35
Principais aplicativos (Capítulo 3)  39
Principais atalhos do Windows 10  89
Privacidade  82
Programas, aplicativos e ferramentas  41
Recursos avançados (Capítulo 6)  87

Rede e internet  79
Segurança do Windows  83
Sincronizar com o OneDrive  90
Sistema  76
Sistemas operacionais mais usados  14
Sobre o autor  109
Tecla Windows  89
Telefone  78
Texto e internet  54
Trabalhando com arquivos e pastas (Capítulo 4)  59
Usar a impressora Microsoft Print to PDF  90
Visualizando arquivos  65
Visualizar e organizar imagens e fotos  46
Windows Update  82

## Anotações

# Anotações

# Anotações

# Anotações

# Anotações

# Anotações

# Anotações